Klaus Bartels

Vom Leben der Wörter

Wortgeschichten aus der »Neuen Zürcher Zeitung«

Herausgegeben von Bernhard Zimmermann

Klaus Bartels

Vom Leben der Wörter

Wortgeschichten aus der »Neuen Zürcher Zeitung«

Die hier gesammelten Wortgeschichten sind sämtlich zuerst im Feuilleton der »Neuen Zürcher Zeitung« unter der seit 2003 laufenden Rubrik »Stichwort« erschienen; daher die schweizerische Orthographie ohne »ß«. Mit der Sammlung »Die Sau im Porzellanladen« im Verlag Philipp von Zabern, Mainz 2008, gibt es keine Überschneidungen.

Herausgeber, Autor und Verlag danken der Stiftung für Abendländische Ethik und Kultur (STAB), Zürich, für die grosszügige Unterstützung dieser Buchausgabe.

Gedruckt mit großzügiger Unterstützung der Stiftung für Abendländische Ethik und Kultur

Bibliografische Information der Deutschen Nationalbibliothek

Die Deutsche Nationalbibliothek verzeichnet diese Publikation in der Deutschen Nationalbibliografie; detaillierte bibliografische Daten sind im Internet über <http:/dnb.d-nb.de> abrufbar.

Umschlag: Bärbel Engler, Rombach Verlag KG, Freiburg i.Br./Berlin/Wien
Satz: rombach digitale manufaktur, Freiburg i.Br.
Herstellung: Rombach Druck- und Verlagshaus GmbH & Co. KG, Freiburg i.Br.
Printed in Germany
ISBN 978-3-7930-9960-4

Meiner Frau Annette

und

unseren Söhnen, Enkelinnen und Enkeln

Inhalt

Zu dieser Sammlung

Kunterbuntes, rätselhaftes Wörterleben durch die alten und die neuen Sprachen: Ein lateinischer *digitus,* »Finger«, weist uns den Weg in die schöne neue »digitale« Welt der Zukunft; hinter der »Virtual Reality« erscheint unter der Etymo-Brille eine altrömische *virtus,* »Mannhaftigkeit, Tugend«; das griechische *élektron,* »Bernstein«, lebt fort in allem »Elektrischen« und neuerdings in einem jüngsten Präfix »e-«. Tote Sprachen? Die Vielhunderte, ja wohl Tausende griechisch- und lateinischstämmiger Wörter im modernen Euro-Wortschatz, auch in unserer Alltagssprache, bezeugen die springlebendige Allgegenwart der antiken Kultur in der Welt von heute, und bei jedem kühnen Schritt in die Welt von morgen – wie beim Auto jetzt ins Hybride, e-Mobile, Autonome – sind die alten Sprachen mit ihren immer neu verjüngten Wörtern wieder dabei.

Die Wörter leben; sie haben durch die Zeiten und die Sprachen hin ihr je eigenes wirkliches »Leben«. Da gibt es unter allem Auf und Ab, Kreuz und Quer grandiose Höhenflüge wie den jenes *digitus* in die »Digitalisierung«; da gibt es unwahrscheinliche Bedeutungssprünge wie den von einem musealen Spinn-»Rocken« zur »Rakete«; da gibt es Nahverwandte wie die »Radieschen« und die »Radikalen«, die sich auseinandergelebt haben und uns nicht mehr als Verwandte in die Ohren fallen; da gibt es ein frühvergessenes Wort wie die grossartige Platonische »Philotechnie«. Da gleicht kein Wörterleben dem anderen, so wenig wie ein Menschenleben dem anderen, und da gilt allemal, frei nach der Lustigen Person im »Faust«: »Greift nur hinein ins volle Wörterleben! ... und wo ihr's packt, da ist's interessant.«

Nicht zuletzt um dieses menschlichen Reizes willen sind diese Wortgeschichten wie die geflügelten Worte mit dem »Veni vidi vici«, die »Streiflichter« mit den »Jahrtausendworten – in die Gegenwart gesprochen« und die römischen Inschriften mit »Roms sprechenden Steinen« zu einer durchgehenden Sparte meiner philologischen Arbeit geworden. Unter den vielen seit Jahrzehnten – zuerst in der »Stuttgarter Zeitung« – publizierten solchen Texten bilden die gut zweihundert Kolumnen, die seit 2003 unter der Rubrik »Stichwort« im Feuilleton der »Neuen Zürcher Zeitung« erschienen sind, eine Art Spätlese. Die hier vorgelegte Auswahl möchte dieser Wortgeschichten-Sparte neue Freunde gewinnen. Es ist eine bunte, lebensvolle Sparte, und sie ist immer für eine Überraschung gut: Hier gleich für die, dass sie selbst – wer wollte das raten? – tatsächlich aus dem alten Sparta stammt.

Der grosse Dank des Autors gilt hier zuvörderst dem Freiburger Philologen Bernhard Zimmermann, der nach der Aufnahme der »Jahrtausendworte« in die Reihe »Paradeigmata« nun auch für diese feuilletonistischen Wortgeschichten als Herausgeber zeichnet. Ein entsprechender Dank gilt dem Leiter des Rombach Verlags Dr. Torang Sinaga für das neuerliche Gastrecht in dem Freiburger Verlagshaus. Und der »Neuen Zürcher Zeitung«, namentlich dem Feuilletonredaktor Thomas Ribi, sei auch hier für eine nunmehr fünfzigjährige Gastfreundschaft ein fortwährender, nicht alternder Dank ausgesprochen.

Kilchberg am Zürichsee, am 6. Dezember 2019 Klaus Bartels

Algorithmus

Algorithmen – so heissen die heimlich-unheimlichen immergleichen Rechenprozeduren, die unsere digital gesteuerten Maschinen und Roboter am Werken und überhaupt unsere ganze digitale Welt am Laufen halten. Und die am Ende – so eine jüngste Horrorvision –, wenn sie immerfort noch hinzulernen, immer noch intelligenter werden, den Unterschied zwischen Roboter und Mensch vollkommen aufheben könnten. Bis dann einmal einer dieser algorithmisch gesteuerten Burschen einen von uns auf berlinerisch anraunzt: »Was? Tellijent wollen Sie sein? Ich will Ihnen sagen, was Sie sind: In-tellijent sind Sie!«

Eine irrlichterndes Stichwort: Das »Al-« vorneweg deutet wie in der »Algebra« aufs Arabische, die Endung »-us« aufs Lateinische und das »th« mittendrin aufs Griechische, und die drei Fingerzeige bekommen nacheinander allesamt Recht. Und schaut da nicht, klingt da nicht – es geht ja ums Rechnen – aus dem »-rithmus« eine griechische »Arithmetik« heraus? Ja wirklich, aber das ist erst das Ende dieser ost-westlichen Wortgeschichte, und kein Wunder: Was wir zuletzt hineingelesen haben, das schallt als erstes wieder heraus.

Am Anfang steht da der Name des grossen arabischen Mathematikers und Astronomen Muhammad ibn Musa oder vielmehr sein Beiname Al-Huwarizmi, »der aus Huwarizm – am Aralsee – Gebürtige«. Dieser Al-Huwarizmi oder, je nach Umschrift, Al-Chwarazmi oder Al-Khwarizmi hatte im frühen 9. Jahrhundert in Bagdad in einer kleinen Lehrschrift das Rechnen mit den indischen Zahlzeichen von der Null bis zur Neun erklärt. Drei Jahrhunderte später, im 12. Jahrhundert, machte eine lateinische Übersetzung von Spanien aus sein Rechenbüchlein und mit ihm diese nun »arabischen« Zahlen erstmals im Abendland bekannt. Doch da begegnet der Name des alten, fernen Gelehrten gleich zu Anfang in arger Verdrehung: *»Dixit Algoritmi: Laudes Deo ...«*, »Algoritmi hat gesagt: Lob sei Gott ...«

Und dann wird aus dem Lehrer noch die Lehre selbst. In einer versifizierten Version des Rechenbuchs, die im 13. Jahrhundert von Paris aus weite Verbreitung fand, erscheint ein indischer König Algor als Erfinder der neuen Zahlzeichen und der »Algorismus« als Bezeichnung dieser neuen »Rechenkunst«. Die Titelzeile kündigt an: *»Hinc incipit algorismus«*, »Hier beginnt der Algorismus«, und das Poem beginnt: *»Haec algorismus ars praesens dicitur, in qua / talibus Indorum fruimur bis quinque figuris: / 0, 9, 8, 7, 6, 5, 4, 3, 2, 1«*, auf deutsch, geradeso holprig: »So heisst, ›Algorismus‹, die neue Rechenkunst, mit der / solche Figuren der Inder wir nutzen, zweimal fünf Schnörkel: / 0, 9, 8, 7, 6, 5, 4, 3, 2, 1.«

Spätestens, nachdem 1453 Konstantinopel an die Türken gefallen war und man im Westen wieder Griechisch sprach und verstand, fiel der Anklang dieses »Algoritmi« oder »Algorismus« an das griechische Wort *arithmós*, »Zahl«, und die *arithmetiké téchne*, die »Rechenkunst«, bedeutsam ins Ohr. Der sachliche Bezug schien die vermeintliche Wortverwandtschaft zu bestätigen, und die seit der Humanistenzeit obligate Schreibung mit einem griechischen »th«, diesem augenfälligen edlen Griechisch-Label, bekräftigte die verführerische Volksetymologie ein weiteres Mal. Ein Etymo-Etikettenschwindel: Da stand nun dreimal »Griechisch« drauf und war doch gar kein Griechisch drin.

Die arabischen Zahlen haben sich im Westen erst im Lauf von Jahrhunderten durchgesetzt. Ihr erster Auftritt in einer römischen Inschrift war ein Notbehelf. Auf der Grabplatte des 1455 in Rom verstorbenen, in der Kirche S. Maria sopra Minerva am Pantheon bestatteten Florentiner Malers Fra Angelico bot die eine Inschriftzeile am Fuss für Namen und Ruhmesprädikat, Vaterstadt, Ordensbruderschaft und das Todesjahr 1455 nur knappsten Raum. Da schnitt der Steinmetz für die Jahrhunderte anstelle des altrömischen »M CCCC« ein erstes »14« in den Stein. Mit der 55 liess sich kein Raum mehr gewinnen; so steht da jetzt als Todesjahr ein kühn aus neuen und alten Zeichen, Stellenwert und Zeichenwert gemischtes »14 LV«.

Ambitionen

In der römischen Republik drehte sich das Ämterkarussell im Jahresrhythmus, gab es alle Jahre wieder Wahlen, alle Jahre wieder Wahlkampf. Am 1. Januar traten die beiden neuen Konsuln ihr Amt an, bald nach der Halbzeit folgten die Wahlen für das Konsulat des nächsten Jahres, und manchmal begann gleich danach schon wieder der Wahlkampf um das Konsulat des übernächsten Jahres. Anfang oder Mitte Juli – damals noch »Quintilis« – 65 v. Chr. schreibt Cicero an seinen Freund Atticus, er werde gleich nach den Wahlen am 17. Juli seine *prensatio,* sein »Händeschütteln«, für das Konsulat 63 v. Chr. eröffnen, und mokiert sich nebenbei über die allzufrühe Wahlkampagne eines Mitbewerbers, der noch früher damit angefangen hatte.

Vielleicht hat ja diese Alltäglichkeit, Alljährlichkeit des Wahlkampfs dazu beigetragen, dass die Römer unsere martialischen Bilder von »Wahlkampf«, »Wahlsieg« und »Wahlniederlage« nicht vorweggenommen haben. Im alten Rom zeigte der Wahlkampf ein ziviles, freundliches Gesicht; da sprach man von *petitio,* »Bewerbung«, oder bildhaft von *ambitio,* »Herumgehen«, und *prensatio,* »Händeschütteln«. In der *ambitio* steckt am Anfang das Kopfstück *amb-,* »hin und her, ringsherum«, darauf folgt der Ein-Buchstaben-Stamm *i-,* »gehen«, der sich etwa auch in der »In-i-tiative« ein heimliches Stelldichein gibt, und den Beschluss macht das Schwanzstück *-tio,* das generell die Handlung bezeichnet. Nehmen wir die drei zusammen, sehen wir die *ambitio* vor uns: Wie der in die glänzendweisse *toga candida* gekleidete »Kandidat« einmal links hinüber, einmal rechts hinüber auf die Leute zugeht und um ihre Stimme bittet.

In der *prensatio,* wie Cicero in einem Brief an Atticus den Wahlkampf nennt, wird das Wählerwerben buchstäblich handgreiflich. Das Verb *prehendere,* zusammengezogen *prendere,* bedeutet »zugreifen«, das daraus gewonnene verstärkende *prensare* bezeichnet ein kräftiges Zupacken und die daraus gebildete *prensatio* ein appellierendes, ja verpflichtendes »Händeschütteln«. Das »Oxford Latin Dictionary« verdolmetscht das so drastisch wie treffend mit *buttonhole,* sozusagen »knopflochen« – wenn auch die Antike weder Knopf noch Knopfloch kannte. Da sehen wir, wie sich die *ambitio* fortsetzt: Wie der auf Stimmenfang ausgerückte Wahlkämpfer mit den Wählern vollends handgemein wird, wie er ihre Hände packt und schüttelt, bis ihn die Gelenke schmerzen.

Zu einer perfekten *ambitio* gehörten eine persönliche Begrüssung und ein gewinnendes Wort. Bei den Namen mochte ein spezieller Sklave, ein *nomenclator,* »Namennenner«, hilfreiche Dienste leisten. In seiner »Wahlkampffibel« für den Wahlkampf 63 v. Chr. empfiehlt Quintus Tullius Cicero seinem grossen Bruder Marcus als Erstes: »Stelle in der Öffentlichkeit deine Namenkenntnis zur Schau und baue sie aus, dass sie von Tag zu Tag zunimmt; nichts sonst, scheint mir, hat so starke Wirkung auf die Wähler und setzt dich so sehr in ihre Gunst.« Und als Zweites: »Wichtig, überaus wichtig ist die Schmeichelei. Mag sie im übrigen Leben ein Fehler sein – für einen Wahlkämpfer ist sie schlechterdings notwendig: Muss er doch seinen Ausdruck, seine Miene und seine Wortwahl stets je nach dem Denken und Wollen derer, denen er gerade gegenübersteht, verändern und anpassen.«

Von all dem weiss die *ambitio* heute nichts mehr berichten; das einst so lebhaft sprechende Wort ist verstummt. Aber dafür kommen diese »Ambitionen« wie die Rosinen, die einer im Kopf hat, nun durchweg im Plural daher.

Ampel

Rot, Gelb und Grün: Die Parteien-Farbenlehre und neue Dreier-Bündnisse von Sozialdemokraten, Freidemokraten und Grünen haben der seit alters springlebendigen Wortgeschichte der »Ampel« einen jüngsten Bedeutungssprung beschert. Bis zur Bedeutung einer »Leuchte« oder »Lampe« zurück liegt die Sache noch offen zutage; aber hier blinkt schon ein Warnlicht: Die »Ampel« und die »Lampe«, zwischen denen das »l« so munter hinüber und herüber wechselt, sind zwar alte griechische Landsleute, aber keineswegs Verwandte. In der »Lampe« leuchtet eine klassische *lámpas,* »Leuchte, Fackel«, von seither 24 Jahrhunderten Brenndauer aus den alten in die neuen Sprachen herüber.

Die »Ampel« hat in der Antike noch gar nicht geleuchtet. Am Anfang steht da ein *amphiphoreús,* eine bauchige, zweihenklige »Amphore«. Das Kopfstück *amphi-* bedeutet »beidseits«, der Verbalstamm *pher-,* mit Ablaut *phor-,* bedeutet »tragen«: Der *amphiphoreús,* in der Folge zusammengezogen *amphoreús,* ist ein schweres, links und rechts an zwei Henkeln getragenes Vorrats- und Transportgefäss für Wein und Öl. Die enghalsigen, spitzfüssigen Amphoren liessen sich im Schiffsbauch raumsparend nebeneinander und übereinander stapeln. Sie waren ein gängiges Mass für die Ladekapazität eines Frachters; in Ciceros Korrespondenz lesen wir einmal von Frachtschiffen, »von denen keines weniger als zweitausend Amphoren fasste«.

Römische Glasbläser haben diesen schwergewichtigen Wein- und Öl-Amphoren handliche, zierliche Salböl-Amphoren nachgebildet. Wie auf dem Markt neben den tönernen Amphoren mit attischem Öl nun gläserne Mini-Amphoren mit kostbarer duftender Narde auslagen, so trat in der Sprache zu der leicht latinisierten – und nebenbei feminisierten – *amphora* die Verkleinerungsform *amphorula,* aus der bald eine *amporla,* eine *ampurla* und schliesslich eine *ampulla* wurde. Auf dem Höhepunkt von Petrons satirischem »Gastmahl des Trimalchio« lässt der Gastgeber einen Sklaven die *ampulla,* das »Amphörchen«, mit der teuren Essenz bringen, die er für sein Begräbnis zurückgelegt hat, und gibt jedem seiner Gäste schon mal einen Tupfer auf die Nasenspitze ...

Ein gutes Jahrtausend später, im hohen Mittelalter, haben die alten Gefässe, die Ampulle und das Wort, einen neuen Inhalt aufgenommen: Seit dem 13. Jahrhundert begegnet diese gläserne *ampulla,* nun statt mit sündhaft teurem Salböl mit geweihtem Lampenöl gefüllt und mit einem schwimmenden Docht versehen, in der Kirche über dem Altar. An den beiden Henkeln vor dem Tabernakel aufgehängt, bezeugt die »Ewige Lampe« dort die Gegenwart Christi, des »Lichts der Welt«, beim Messopfer. Die gleiche *ampulla,* die vorher mit ihren betörenden Düften die törichten Jungfrauen zur Eitelkeit der Welt verlockt hatte, wies nun mit ihrem Ewigen Licht den klügeren Schwestern den Weg zur himmlischen Seligkeit.

In der Folge ist dieses leuchtende »Amphörchen« noch zweimal in die Zeitlichkeit zurückgekehrt. Seit dem 14. Jahrhundert verbreitete zunächst eine tönerne »Ampel« mit einer Tülle an der Seite und einem langen Docht darin ihr Licht über häusliche Esstische, bis die neumodische französische »Lampe« dieser altdeutschen »Ampel« vorerst heimleuchtete. Und im frühen 20. Jahrhundert verschaffte der aufkommende Autoverkehr dem altväterischen Wort nochmals eine dauernde Verjüngung, als neue Verkehrs-»Ampeln« hoch über der Strassenkreuzung ihr wechselndes Rot und

Grün signalisierten. In der französischen *ampoule* hat sich das alte Wort aus der Öllampen- in die Glühlampenzeit herübergerettet, und im Deutschen ist da nebenbei noch die saloppe »Pulle« abgefallen.

Was für eine Springprozession der Bedeutungen über zwei, drei Jahrtausende hinweg: von der tönernen Wein- und Öl-Amphore zur gläsernen Salböl-Ampulle, vom Schminktisch an den Altartisch, von der »Ewigen Lampe« zur häuslichen Leuchte, von der Zimmerdecke an die Strassenkreuzung und nun zu guter Letzt von der Verkehrsregelung zum Parteienkonsens! Eine »Ampel«-Koalition: Will das griechische Wort die drei Koalitionäre von Links und Rechts da wohl ganz leise an die beiden Henkel zur Linken und zur Rechten erinnern, an denen solch eine Amphore »beidseits getragen« sein will?

Armbrust

»Durch diese hohle Gasse muss er kommen, es führt kein andrer Weg nach Küsnacht ... Hier vollend ichs ...« So beginnt Tells grosser Monolog in Schillers Drama. Wie Tell da laut Regieanweisung »mit der Armbrust« auftritt, so ist er – und mit ihm die zwei Akte zuvor auf dem Rütli begründete Eidgenossenschaft – mit dieser Waffe verbunden geblieben. Wer von einer Armbrust hört, denkt an Tell, und wer an Tell denkt, denkt an seine Armbrust – und gleich weiter an den starken Arm, der sie gespannt hat, und die tapfere Brust, die auf den Tyrannen gezielt hat. Aber das ist nicht der Anfang, sondern erst das Ende dieser Wortgeschichte.

Am Anfang steht da, was die Sache betrifft, ein bei dem griechischen Maschinenbauer Heron beschriebener *gastraphétes,* wörtlich

»Bauch- (Pfeil-) schleuderer«, und was das Wort betrifft, die erstmals in einer spätantiken militärischen Schrift bezeugte lateinische Bezeichnung *arcuballista,* wörtlich »Bogen- (Pfeil-) werfer«. Bei einem einfachen Bogen mit Sehne ist die Spannkraft des Bogens auf die Zugkraft eines menschlichen Armes begrenzt; diese »Bauch-« und »Bogenwerfer« liessen sich – etwa durch einen Haken am Gürtel des Schützen – mit ganzer Leibeskraft spannen und zudem durch eine Rückhaltevorrrichtung mit mehrfacher Spannkraft aufladen.

Gegenüber dem griechischen »Bauchschleuderer« war die spätantike aus dem lateinischen *arcus,* »Bogen«, und dem griechischen *ballistés,* »Werfer«, zusammengesetzte *arcuballista,* »Bogenwerfer«, gewiss die klarer sprechende Bezeichnung. Aber für die nicht lateinkundigen Landsknechte des hohen Mittelalters war diese fünfsilbige *arcuballista* und selbst die schon leicht verkürzte mittelalterliche *arbalista* dann doch ein zu grosses Kaliber, und vor allem: Das lateinische Wort sagte ihnen nichts mehr von »Bogen« und »Werfen«.

In der französischen Tochtersprache hat sich die spätlateinische *arbalista* über eine altfranzösische *arbaleste* in der *arbalète* erkennbar erhalten – Eisenbahnfans mögen sich noch der »Arbalète« erinnern, die sie früher einmal pfeilschnell von Basel nach Paris geschossen hat. Aber im Mittelhochdeutschen begegnet ebendiese *arbalista* bald arg verhackstückt als ein zweisilbiges – nun sächliches – *armburst* oder *armborst* oder gar vollends eingeschrumpft als ein einsilbiges *armst.* Ähnlich war um die gleiche Zeit aus dem griechischen, im Westen nicht mehr sprechenden Ehrentitel *archiatér,* »Erster Arzt«, ein mittelhochdeutscher *arzat* oder *arzet* und schliesslich ein »Arzt« geworden.

Irgendwann, irgendwo ist damals aus diesem verhackstückten *armburst* oder *armborst* noch im Mittelalter die wiederum sprechende deutsche »Armbrust« geworden. Der Anklang an den starken »Arm«, der sie spannt, und an die tapfere »Brust« dahinter legte eine solche »Volksetymologie« nur zu nahe. Nun konnten sich die Landsknechte, die diese Armbrüste handhabten, dabei doch wieder etwas Heldenhaftes denken, und man kann sich vorstellen, wie der Landsknechtsname »Armbruster« einem solchen Schützen stolz die Brust hat schwellen lassen. »Armbrüste«? Kein Wunder, dass das mittelhochdeutsche sächliche *armbrust* in der Folge zu einer weiblichen »Armbrust« geworden ist und dass es, nein: *sie* dann noch den geläufigen Plural »Armbrüste« – laut Duden »auch: Armbruste« – gebildet hat.

A propos Pfeil und Bogen, Arm- und andere Brüste: Eine in der Antike verbreitete, doch gewiss irrige Worterklärung deutet den Stammesnamen der mit Pfeil und Bogen bewehrten Amazonen aus einem negierenden Alpha und dem griechischen *mazós*, »Brust«, als »die ohne Brust«: Diese mythischen Kriegerinnen hätten ihre rechte Brust geopfert, um desto grössere Spannweite für ihre Bogen, grössere Reichweite für ihre Pfeile zu gewinnen. War das ursprünglich ein abgeschmackter Symposiumsscherz oder ein sexistischer Kathederwitz? In jedem Fall: ein schlechter Tausch!

Arzt

In einer Schlachtschilderung der Homerischen »Ilias« ist der »Arzt« ins Licht der Wortgeschichte eingetreten, und dies sogleich in hoher Wertschätzung. Ein Pfeil des trojanischen Königssohns Paris hat den heilkundigen Heros Machaon, einen Sohn des Heilgotts Asklepios, an der Schulter getroffen, und Furcht kommt auf, in einer Wende der Schlacht könnten die Trojaner seiner und mit ihm seiner göttlichen Kunst habhaft werden. Sogleich ruft der kretische König Idomeneus den alten Nestor auf, den Verwundeten schleunigst ins Schiffslager zurückzubringen: »... denn ein ärztlicher Mann – im ionischem Dialekt: ein *ietrós anér* – wiegt an Wert viele andere auf.«

Das griechische Wort, im Attischen dann *iatrós,* setzt sich aus dem Stamm *ia-* fürs »Heilen« und dem Schwanzstück *-ter* oder *-tros* für den darin Kundigen und Tätigen zusammen; ein *iatér* oder *iatrós* ist ein »Heilkundiger«. Der Weg von diesem *iatrós* zu unserem »Arzt« führt über einen Chefarzt. Bereits in klassischer Zeit hatte sich das Kopfstück *archi-* – nach dem Verb *árchein,* »anfangen, der Erste sein, herrschen« – mit dem *tékton,* dem »Baumeister«, zu einem *architékton,* einem »Ersten, Leitenden Baumeister«, verbunden, und in hellenistischer Zeit hat ebendieses Kopfstück *archi-* einen in hoher Position tätigen Arzt zu einem *archiatrós,* einem »Ersten, Leitenden Arzt«, befördert. Dieser Ehrentitel kam zunächst ausschliesslich den Stadtärzten der grossen Metropolen und den Leibärzten der hellenistischen Könige zu.

In Rom haben sich der lateinische *medicus* und seine *medicina* gegen den griechischen *iatrós* und seine *iatriké (téchne),* seine »ärztliche Kunst«, behauptet; »Psychiatrie«, »Pädiatrie« und »Geriatrie« sind moderne Retortenwörter. Einzig der Ehrentitel eines *archiatrós* ist über die Leibärzte der römischen Kaiser in den lateinischen Westen gelangt. Zu den hochgeehrten *archiatri Palatini,* den »Leitenden Ärzten des (Kaiser-) Palastes«, kamen in der Folge noch zahlreiche *archiatri populares,* »Leitende Ärzte der Bürgerschaften«. Grössere Städte in Italien und in den Provinzen ernannten fünf, sieben oder zehn solche Stadtärzte; in Rom hatte jede der vierzehn Regionen ihren eigenen *archiater.* Eine Inschrift im rechten Seitenschiff der römischen Kirche S. Luigi dei Francesi gilt noch einem 1725 verstorbenen »Archiater« Papst Pius' VI.

In den dunklen Jahrhunderten zwischen Spätantike und Frühmittelalter war mit Titeln gut munkeln. Während die romanischen Sprachen – und dann auch das Englische – beim geläufigen *medicus* blieben, stiegen im germanischen Sprachgebiet alle Praktizierenden zu respektablen *archiatri* auf. Freilich war dieses griechische *arch(i)-* im lateinischen Westen kein sprechender Kopfputz mehr, und so schnurrte hier wie der *archiepiscopus* zum »Erzbischof« und der *archangelus* zum »Erzengel«, so der *archiater* zu einem althochdeutschen *arzat,* einem mittelhochdeutschen *arzet* und schliesslich zu unserem »Arzt« zusammen. Von dem alten *iatrós* schaut da einzig noch das »t« für den Professionellen heraus, und von dem griechischen Stamm *ia-* fürs »Heilen« ist darin buchstäblich kein Iota mehr verblieben.

Was ist dieses federgewichtige, kaum gesprochen schon verwehte Wörtchen »Arzt« noch gegenüber jenem bedeutungsträchtig ins Ohr fallenden *archiatrós* oder *archiater* – bei so einem prächtigen Titel kommt es schon ein wenig auf die Zahl der Silben an. Seither hat ein zweiter Beförderungsschub die Titelinflation teilweise wieder ausgeglichen und neue »Chefärzte«, eigentlich ja schon »Chef-Chefärzte«, hervorgebracht. Das ist, wie wenn nächstens alle Ärzte in einer neuen Titelinflation zu Chefärzten avancierten, alle diese »Chefärzte« im Laufe der Jahrhunderte allmählich zu »Schärzten« würden und ein dritter Beförderungsschub nochmals neue »Chef-Schärzte«, eigentlich dann schon »Chef-Chef-Chefärzte«, generierte.

Authentisch

Wie im Vogelreich, so im Wörterreich: In dem seitenlangen Nest, mit dem das griechische *autós,* »selbst«, im Duden-Fremdwörterbuch vertreten ist, hat sich zwischen »Autopsie« und »Autosalon« das Kuckucksjunge des lateinischstämmigen »Autors« und seiner »Autorität« breitgemacht, und wenn wir uns umschauen, entdecken wir ein paar Spalten weiter vorn das aus dem Nest gefallene Junge des »Authentischen« und der »Authentizität«. Aber Kuckucksjunges oder echtes Junges: Spielen da nicht geheime Bezüge vom einen zum anderen hinüber? Beruht die Autorität eines Politikers nicht zu einem guten Teil auf seiner Authentizität, seiner Verlässlichkeit und Glaubwürdigkeit?

Die Geschichte des »Authentischen« beginnt fernab alles Authentischen mit einem *authéntes,* mit Mord und Raub. Das Oxforder Greek-English Lexicon von Liddell und Scott erklärt das wenig gebräuchliche Wort an erster Stelle als »Mörder« und »Selbstmörder«, sodann als »Täter« etwa eines Tempelraubs und schliesslich als unumschränkten »Herrscher«. Das Wort erscheint zuerst bei Herodot mit Bezug auf einen medischen Edlen, der ein Neugeborenes hätte aussetzen sollen und doch an dem Kind nicht zum »Mörder« – zum *authéntes* – hatte werden wollen, und so noch mehrfach in der attischen Tragödie. Und dann lesen wir in den Euripideischen »Bittflehenden«, wie sich der mythische König Theseus auf die forsche Frage des thebanischen Herolds, »wer hier der Herr – der *tyrannos* –« sei, stolz zur athenischen Demokratie bekennt: Hier sei »das Volk der Herr – der *authéntes* – des Landes«.

Mord und Volkssouveränität – wie geht das zusammen? Der zweite Bestandteil des Wortes, der mit seinem aspirierten Anlaut das voraufgehende *auto-,* »selbst«, zu einem angehauchten *auth-* entstellt hat, ist nicht sicher zu erschliessen. Wahrscheinlich steckt ein Verb in der Bedeutung »vollenden, vollbringen« dahinter, vielleicht spielt noch ein Anklang an ein anderes in der Bedeutung »schlagen, töten« mit hinein. Jedenfalls scheint das Eigenhändige, Eigenständige des Handelns die weite Spanne vom eigenhändig verübten Mord zu unumschränkter Machtausübung zu überbrücken. Vereinzelt begegnet dann noch eine *authentía,* mal als »Eigenhändigkeit«, mal als »Machtvollkommenheit«, aber damit hat es hier mit Mord und Macht ein Ende.

Zur heutigen Wortbedeutung des »Authentischen« ist es erst in späterer Zeit mit dem Adjektiv *authentikós,* »authentisch, verbindlich«, gekommen. Das juristische Fachwort bezeichnete die – »eigenhändig« ausgestellte – originale Urkunde im Unterschied zu einer Kopie und dann überhaupt alles Echte und verlässlich Verbürgte. In Ciceros Briefen erscheint das griechische Wort mit Bezug auf eine Nachricht »aus sicherer Quelle«. Leicht latinisiert zu einem *authenticus,* »eigenhändig, original«, und einer *authenticitas,* »Echtheit, Authentizität«, ist das alte Wort über die römische Rechtssprache in die frühneuzeitliche Kanzleisprache eingegangen, und und in dieser Bedeutung des »Echten« und »Glaubwürdigen« hat das »Authentische« seit jüngstem einen festen, feinen Platz in unserem politischen Wortschatz.

Welche Partei, welcher Politiker möchte heute nicht authentisch sein? Das heisst hier: eigenständig, verlässlich und glaubwürdig sein, ja nicht als Kopie einer anderen, eines anderen wirken. Im Fortgang der Wortgeschichte sind jenes Kuckucksjunge im Alphabet der Auto-Komposita und dieses aus dem Nest gefallene echte Junge einander noch recht nahegekommen. Die lateinische »Autorität« und das griechische »Authentische« haben es ja gleicherweise mit ihrem je besonderen Ursprünglichen zu tun: Was dem *au(c)tor* – wörtlich genommen: einem »Mehrer« – seine ursprüngliche Urheberschaft ist, die seine »Autorität« begründet, das ist dem Authentischen seine ursprüngliche Originalität, auf der seine »Authentizität« beruht.

Autonom

Die »Autonomen« machen neu von sich reden, nun nicht in dem vertrauten Sinne von autonomen Chaoten, sondern von autonomen Automobilen. In Homers »Ilias« braucht es zu einer Wagenfahrt auf der Luftstrasse vom Olymp nach Troja hinüber allemal noch leibhaftige Pferdestärken und eine göttliche Wagenlenkerin; aber die Himmelstore aus der Werkstatt des Hephaistos machen bereits klar, wohin der Trend geht: »Hera berührte schnell mit der Geissel die Pferde«, heisst es da im 5. Gesang, und dann geschieht es: »Automatisch – *autómatai* – dröhnten auf die Tore des Himmels ...« So zukunftsträchtig hat sich das moderne »Auto«-Wesen damals angekündigt, und heute haben wir nach unseren selbstfahrenden »automobilen« nun auch diese selbstlenkenden »autonomen« Autos oder, wie sie bald kurz heissen könnten, »Auto-Autos«.

Das Griechische ist wie das Deutsche eine wortprägefreudige Sprache. Griechische Handwörterbücher verzeichnen mehrere hundert mit diesem *auto-*, »selbst«, gebildete Komposita, und im modernen Euro-Wortschatz reicht die lange Reihe der altererbten oder neugeprägten »Auto«-Wörter von der alten sich selbst genügenden »Autarkie« bis zu einem jüngsten sich selbst einstellenden »Autozoom«. Auf halber Strecke des Alphabets findet sich da gleich nach jenem schon Homerischen *autómatos,* zu deutsch etwa »selbsterregt, selbstbewegt«, das mit dem Grundwort *nómos,* im Schulvokabular »Gesetz«, gebildete Adjektiv *autónomos,* sozusagen »selbstgesetzlich«, und eine davon abgeleitete *autonomía,* »Selbstgesetzlichkeit«.

Seit dem 5. Jahrhundert v. Chr. zählt der *nómos* zu den Leitworten des griechischen Denkens. Von dem Verb *némein,* »zuteilen, zuweisen«, abgeleitet, bezeichnet das Wort die in einer Gesellschaft in Achtung und Geltung stehenden Sitten und Gebräuche, die ungeschriebenen und die geschriebenen Gesetze, in denen die hergebrachten Werte einer Kultur sich darstellen. Das damit gebildete *autónomos,* »unter selbstgegebenen Gesetzen lebend«, steht sogleich bei seinem ersten Auftritt in Herodots Geschichtswerk in scharfem Gegensatz zu einer Tyrannis; das Substantiv *autonomía* bezeichnet in der Folge geradezu die Freiheit und Souveränität eines Staates, seine Unabhängigkeit von fremder Herrschaft.

Bei den »autonomen Chaoten« ist das Wort zwar übel herabgekommen, aber doch in seinem angestammten politischen Feld verblieben; bei den »autonomen Automobilen« ohne Pferde vorneweg, ohne Lenker am Steuer ist es querfeldein, ja recht verquer aufs Technische übertragen worden. Nähmen wir das Bild beim Wort, so wären diese autonomen Automobile die einzigen, die als wirklich und wahrhaftig freie Wesen auf den Strassen unterwegs sind: Autos, die ihren Weg zum Ziel völlig souverän, eben »autonom«, nach ihren selbstgegebenen Gesetzen suchen und finden, die nicht der Willkürherrschaft eines mal gasgebenden, mal abbremsenden, mal links-, mal rechtshin lenkenden Lenkers unterworfen sind.

Autonome Mobilität – das ist eine Jahrtausende alte Wunder-Idee. Im 18. Gesang der »Ilias« sehen wir, wie rasant sich jener frühe Trend zur Automatisierung damals fortgesetzt hat: Da legt der ingeniöse Schmiedegott Hephaistos, als die Meergöttin Thetis ihn in seiner olympischen Werkstatt aufsucht, eben eine ganze Serie von autonomen Bistro-Tischchen für den olympischen Nektar-und-Ambrosia-Apéro auf: »Dreifüsse, zwanzig im Ganzen, fertigte er, rings an der Wand zu stehen der guterstellten Halle. Und goldene Räder setzte er jedem von ihnen unter den Fuss, dass sie ihm automatisch – *autómatoi* – zum Versammlungsplatz der Götter liefen und wieder ins Haus zurückkehrten, ein Wunder zu schauen ...«

Bilanz

Vom Doppelwettkampf eines »Biathlon« mit Langlauf und Schiessen reicht das Alphabet der lateinischen Bi-Komposita über die alle zwei Jahre gefeierte »Biennale« und die zwischen zwei Seiten geschlossenen »bilateralen« Verträge bis zum »zweiköpfigen«, doppelt am Gelenk angesetzten »Bizeps« hinüber. Italienische und französische Zahlenakrobaten haben die *mille,* die »tausend«, durch zweimaliges Potenzieren erst zur »Million« und dann zur »Billion« erhoben, und jüngst haben sich diesen hergebrachten Zweier-Kombinationen noch der zweiteilige »Bikini«, ein Kuckucksjunges im Nest, und das aus dem *binary digit* zusammengezogene »Bit« samt dem »Bitcoin« hinzugesellt. Zweier-Kombinationen? Das ist eigentlich schon doppelt gemoppelt; zum Kombinieren gehören, wenn wir das Wort beim Wort nehmen, allemal genau zwei.

Die kaufmännische »Bilanz«, in nächster Nachbarschaft zu den »Bilateralen«, entschlüsselt sich nicht ganz so leicht. Hinter dem »Bi-« steht wie in allen diesen Wörtern das Zahlwort *bis,* »zweimal, zweifach«; alten Lateinern kommt hier der Merkvers »Semmel biss der Kater« für die Reihe *semel, bis, ter, quater,* »einmal, zweimal, dreimal, viermal«, in den Sinn. Für den Rest, das »-lanz«, bietet das Schulwörterbuch zwei Anklänge zur Wahl: zunächst die *lancea,* die »Lanze«, und dann die *lanx* mit dem Genitiv *lancis,* eine flache »Schale«. Aber keine Frage: Ein Jahresabschluss von Soll und Haben kann es doch kaum mit zwei Lanzen, sondern einzig mit zwei Schalen zu tun haben. Grössere Lexika verzeichnen denn auch eine spätlateinische, selten bezeugte *bilanx libra,* eine »zweischalige Waage«, oder kurz *bilanx,* eine »Zweischalige«, wie die unbestechlich Pro und Contra, Schuld und Unschuld abwägende Justitia sie vor sich her trägt.

Im Mittelalter ist die spätantike Prägung zunächst in Gestalt einer *bilancia* und später noch eines kaufmännischen *bilancio* ins Italienische und in Gestalt einer *balance* ins Französische gelangt; im 17. Jahrhundert ist das Wort dann in beiderlei Lautgestalt über die italienische Kaufmannssprache als »Bilanz« und über die französische Artistensprache als »Balance« ins Deutsche gekommen. Das anschauliche Bild einer solchen Waage mit ihren beiden Waagschalen und dem Zünglein dazwischen passt ja gleicherweise stimmig zu der kaufmännischen Bilanz eines Jahres- oder Quartalsabschlusses, zu der artistischen Balance eines Seiltänzers und zu der politischen Bilanz oder auch Balance einer ersten Hundert-Tage-Amtszeit oder eines ersten Präsidentschaftsjahres, wo dann hier die Wahlversprechen und dort das »Gelieferte« auf die Waage, in die Schalen kommen.

Und was sagt das einfache »Lancieren«, wenn etwa eine Partei eine politische Initiative oder ein Unternehmen eine neue Handelsmarke »lanciert«? Heisst das bildhaft, dass die Partei ihre Initiative dem Souverän förmlich auf einer edlen *lanx,* sozusagen auf dem Silbertablett, präsentiert? Schön wär's, und so fein gesittet und respektvoll hatte sich der Schreibende dieses »Lancieren« lange Zeit vorgestellt, bis eine Zufallsbegegnung mit dem spätlateinischen *lanceare,* »(eine Lanze) schwingen, schleudern«, die Brücke von jener *lancea* zum französischen *lancer* schlug und ihn eines Besseren und Gröberen belehrte. Eine Initiative »lancieren«: das klingt so sachte und behutsam. Aber nichts von *lanx* und Silbertablett: Da wird der Initiativtext vielmehr auf eine Lanzenspitze gespiesst und in hohem Bogen unters Stimmvolk geschleudert. Und wenn jetzt eine grosse Burger-Kette einen dreistöckigen Bacon King 3.0 Swiss mit acht (!) Speckscheiben »lanciert«, passt das Bild vollends wie der Spiess auf den Burger.

Biometrie

Unsere natürliche Gesichtserkennung meldet uns auf einer belebten Strasse oder in einem Theaterfoyer automatisch und im Wortsinn augenblicklich jedes bekannte Gesicht, ohne dass wir uns darüber im geringsten verwundern, und unser nicht ganz so verlässliches Namensgedächtnis liefert uns im glücklichen Fall gleich noch den Namen dazu. Neuerdings hat dieses natürliche System in der »biometrischen« Gesichtserkennung ein künstliches Gegenstück erhalten, und dieses geradeso automatisch in Millisekunden die Passanten registrierende System erregt eher die Gemüter: Die sogenannte »Biometrie« ist zum jüngsten Hieb- und Stichwort des politischen Diskurses um Sicherheit und Datenschutz geworden.

Die künstliche Prägung aus dem frühen 19. Jahrhundert vereinigt zwei geläufige Versatzstücke aus dem griechisch-lateinischen Fremdwörterbaukasten: das »Bio-«, nach dem griechischen *bíos,* im Schulwörterbuch einfach »Leben«, und die »-metrie«, nach dem griechischen *métron,* »Mass«. Das zweite, die »-metrie«, ist rasch ausgemessen: Wie die »Geometrie« im ursprünglichen Wortsinn eine »Erd-« oder »Landvermessung« bezeichnet, so deutet die »Biometrie« auf eine Art von »Lebensvermessung«: Da wird Lebendes vermessen; anfänglich galt der Begriff allgemein jeglicher Gewinnung und Auswertung biologischer Messdaten, der heute sogenannten »Biostatistik«.

Mit dem »Bio-« hat es nicht so einfache Bewandtnis. Das griechische Wort ist zuerst durch die bereits spätantike »Biographie«, die »Lebensbeschreibung«, und später nochmals durch die neuzeitliche »Biologie« in die neuen Sprachen eingegangen. Seither hat diese »Lebenswissenschaft« eine Vielzahl weiterer »Bio«-Komposita wie die »Biochemie«, die »Biosphäre« und die »Biodiversität« nach sich gezogen, und mit allen möglichen »ohne Chemie«, irgendwie »biologisch« produzierten »Bio«-Produkten hat sich die

Reihe in jüngster Zeit noch munter fortgesetzt. Die »Biologie« ist eine künstliche Prägung des Bremer Naturforschers und Arztes Gottfried Reinhold Treviranus; der kühne Titel seines Hauptwerks »Biologie« aus dem Jahre 1802 bedurfte damals noch des klärenden Zusatzes »... oder Philosophie der lebenden Natur«.

Da war dieser erste »Biologe« freilich an das falsche Wort geraten. Der griechische *bíos* deutet zuvörderst nicht auf das allem Lebenden, Pflanzen und Tieren, gemeinsame Leben, das die derart neu angesprochene Biologie erforscht – das wäre die griechische *zoé* gewesen –, sondern auf das spezifisch menschliche Leben und Erleben, das die seit der Spätantike so benannte Biographie beschreibt. In der Aristotelischen Zoologie bezeichnet der *bíos* allenfalls noch die verschiedenen Lebensstufen von Pflanze und Tier oder die besondere Lebensweise und den Nahrungserwerb dieser oder jener Tiergattung. Ein byzantinisches Lexikon bezeugt das rühmende Prädikat *biologikós* für Komödien, die »das Leben« lebensecht auf die Bühne bringen.

Mit einem derart gelebten, erlebten Leben haben die meisten neuzeitlichen »Bio«-Fachwörter und zumal die jüngsten »Bio«-Labels nichts mehr zu schaffen. Aber manche wie die »Symbiose« für die Lebensgemeinschaft verschiedener Spezies oder das »Biotop« für den Lebensraum einer Pflanzen- oder Tiergesellschaft sind doch wenigstens in einer Schnittmenge zwischen jenem verfehlt benannten »biologischen« und diesem im ursprünglichen Sinne »biographischen« Leben angesiedelt. Und wenn sich in den Myriaden biometrischer Messpunkte im Geviert zwischen Ohren, Stirn und Kinn neben den ererbten Genen zugleich auch das erlebte, geleistete und erlittene Leben mit abzeichnet – ist dann nicht auch jene »biometrische« Gesichtsvermessung eine doppelte, zugleich biologische und biographische »Lebensvermessung«?

Börse

Die »Börse« und der »Bursche« sind Cousine und Cousin, wenn auch aus verschiedenen Familienzweigen: die »Börse« aus dem niederländischen, kaufmännischen Zweig, der es in der Finanzwirtschaft zwischen New York und Tokio zu globaler Bedeutung gebracht hat, der »Bursche« aus dem deutschen, akademischen Zweig, der im Kaufmännischen nicht über eine Wohngemeinschaft mit gemeinsamer Kasse hinausgekommen ist. Doch im Lauf der Jahrhunderte sind die Verwandten einander doch so fremd geworden, dass wir sie kaum mehr als Verwandte wahrnehmen.

Am Anfang steht da eine griechische *byrsa* in der Bedeutung eines abgezogenen »Tierfells« oder einer frischgegerbten »Tierhaut«. Das Wort erscheint zuerst im 5. Jahrhundert v. Chr. bei Herodot; der weitgereiste Historiker berichtet, wie die Araber bei der Suche nach einer würzigen Baumrinde den ganzen Körper und das Gesicht bis auf die Augenschlitze »mit *byrsai* und anderen Häuten« einhüllten, um sich vor einer angriffigen Art von Fledermäusen zu schützen. Im Griechischen hat diese *byrsa* keine Stammverwandtschaft; wer weiss, aus welchem fremdem Idiom, mit welchen exotischen Tierhäuten sie damals importiert worden ist?

Irgendwann, irgendwo zwischen Spätantike und Frühmittelalter hat diese griechisch gegerbte *byrsa,* lateinisch dann *bursa,* die engere Bedeutung eines »Geldbeutels« angenommen. Von dieser klingenden Bedeutung sind in der frühen Neuzeit die beiden Familienzweige der »Börse« mit dem schwereren und des »Burschen« mit dem leichteren Beutel ausgegangen.

Im 15. Jahrhundert ist die Stadt Brügge, seit dem hohen Mittelalter Sitz der flandrischen und Stapelplatz der deutschen Hanse, zum Geburtsort der »Börse« geworden. Dort war der sprechende

Name des patrizischen Handelshauses van der Beurse mit drei Geldbeuteln im Wappen auf den Platz »de beurse« davor übergegangen, und damit war dieser geschäftige Handelsplatz lombardischer Kaufleute in Brügge zu einem ersten »Börsenplatz«, eigentlich »Beutelplatz«, geworden. Von da ist die bildhafte Bezeichnung *bursa, beurs,* »Börse« zunächst 1531 auf die nahe Antwerpener Börse und bald weiter auf Geld- und Waren-Börsen in Lyon und Toulouse, Augsburg und Nürnberg übergesprungen. Auch die »Royal Exchange« in London hiess anfänglich »The Bourse«.

Und der deutsche Vetter, der »Bursche«? Nach ebendieser *bursa,* dem mal mehr, mal weniger prall gefüllten gemeinsamen »Beutel«, hiess eine studentische Wohngemeinschaft mittelhochdeutsch eine *burse,* frühneuhochdeutsch eine »Bursche«. Aus dem Kollektiv der in einer solchen burschenschaftlichen WG zusammen wirtschaftenden Studiosi ist im 17. Jahrhundert der einzelne junge »Bursche« hervorgegangen, wie aus dem Kollektiv der in einem Wohngemach versammelten, einer Spinnstube arbeitenden Frauen das einzelne »Frauenzimmer« – wobei der »Bursche« sein natürliches männliches Geschlecht bekam, das despektierlich so genannte »Frauenzimmer« dagegen das sächliche behielt. Mittlerweile gibt es neben den jungen auch ältere »tolle« oder »üble Burschen«.

Im Studentenjargon des 18. Jahrhunderts hat sich jene alte *byrsa* noch einmal mit einer echt griechischen Schwanzfeder zu einem hybriden deutsch-griechischen »burschikos«, »auf Burschenart«, herausgeputzt. So neu war diese Bier-Idee zwar nicht: Schon zuvor war ein entsprechendes »studentikós« aufgekommen, und das alte Wörterbuch von Kluge/Götze verzeichnet noch ein geradeso bierschaumgeborenes lateinisch-griechisches Kneipen-Kommando (ex-) »haustikós«, sozusagen »auf ex-trinkende Weise«.

Bravo!

Mit begeisterten »Bravo!«-Rufen aus Parkett und Logen huldigen die Opernfans dem Heldentenor, der Primadonna und ihren Bravourarien; ein vielstimmiges »Bravo!« schallt dem jungen Fähndrich Hediger in Kellers »Fähnlein der Sieben Aufrechten« auf seinen Fahnenspruch »Freundschaft in der Freiheit« entgegen; mit einem lautstark buchstabierten »B-R-A-V-O!« danken die Pfadfinder an der Waldweihnacht dem Pfarrer für sein Predigtwort. In all seinen Varianten fällt dieses »Bravo« am Ende seiner Wortgeschichte angenehmer in die Ohren als am Anfang. Aber dafür lässt sich dieser erste Auftritt versgenau bezeichnen: Er findet sich in Homers »Ilias«, im 2. Gesang, in Vers 867.

Da nennt Homer unter den Kämpfern vor Troja am Ende die »barbarophonen«, etwa: »rhabarbertönenden« Karer aus dem Südwesten Kleinasiens, also Leute, bei deren fremdem Rhabarbergebrabbel ein griechisch sprechender Grieche nichts als Bahnhof verstand. Für fremde Sprachen hatten die alten Griechen wenig Sinn; die lautmalende Bezeichnung *bárbaros,* sozusagen »Brabbelnder«, ist im Griechischen zur Bezeichnung des Fremdländischen überhaupt geworden. Wahrscheinlich ist dieses Wort auch selbst einmal aus der Fremde in die Fremde gekommen; entsprechende Lautmalereien findet sich im Altindischen und im Sumerisch-Babylonischen.

Seine abschätzige Bedeutung im Sinne des Unkultivierten, Unmenschlichen hat das griechische Wort im Zug der Perserkriege angenommen, als der Perser zum Inbegriff des unfreien, politischer Freiheit gar nicht fähigen »Barbaren« und das persische Königtum zum Exempel eines menschenunwürdigen Regimes von Herren über Sklaven wurden. In der Einleitung zu seinen »Politischen Schriften« bekräftigt Aristoteles einen pointierten Redeschluss der Euripideischen Iphigenie, dass die Griechen über die Barbaren, nicht Barbaren über Griechen herrschen sollten, da die einen ja »sklavisch«, die anderen »frei« seien: »Barbaren und Sklaven«, merkt er dazu noch kurz und bündig an, seien »von Natur dasselbe«.

Im allgemeinen Sprachgebrauch steht das griechische *bárbaros* noch jenseits des Fremdsprachigen und Fremdländischen für mancherlei Unmenschliches; Verknüpfungen wie »unbelehrbar und barbarisch«, »barbarisch und mitleidlos« oder »grausam und barbarisch« zeugen davon. In dieser Bedeutung des tierisch Wilden, unmenschlich Grausamen ist das Wort in die neuen Sprachen eingegangen, und dies auf zwei Wegen: Der eine führt geradewegs zu den unkultivierten »Barbaren« und ihrem üblen barbarischen Treiben, der andere über ein lateinisches *barbarus* und ein spanisches und italienisches *bravo* zu den wilden und den zahmen »Braven« und dem weltweit geläufigen »Bravo!«

Barbarisch und brav: Wie geht das zusammen? Über zwei Tugenden. Aus dem mittelalterlichen *barbarus* in der Bedeutung eines »unbändig Wilden« war in der frühen Neuzeit ein italienischer *bravo* geworden, und dies zunächst im Sinne eines wild dreinschlagenden und darum lobenswerten »braven« Landsknechts, ja selbst eines kaltblütig mordenden »Bravos«. Und auf diesen furchtlos dreinschlagenden »braven« Haudegen ist dann mit einer tollen Kehrtwendung von den kriegerischen Söldnertugenden zu den friedlichen Bürgertugenden der eben gerade nicht dreinschlagende und darum wieder lobenswerte biedermännisch »brave« Bürger gefolgt.

Die italienischen Opernfans haben dieses »Bravo« zu ihrem frenetischen Beifallsruf gemacht. Von der Mailänder Scala sind ihre Bravo- und Bravissima-Rufe in alle Welt hinaus gedrungen, und es hat darauf ein vielfältiges Echo gegeben, bis hin zu jenem lauthals buchstabierten »B-R-A-V-O!« an der Pfadi-Waldweihnacht. Fünf Buchstaben, die Geschichte haben: von den »brabbelnden«

Karern vor Troja zum sklavisch-unfrei oder unmenschlich-grausam »Barbarischen«, von da querfeldein zu den wilden und im Kehrum zu den zahmen »Braven« und zuletzt zu den stürmisch gefeierten »Bravi« und »Bravissimi« auf der Opernbühne und jenem eingangs zitierten »Bravo« für die »Freundschaft in der Freiheit« (!).

Champions

Kein Wunder, heisst es einmal bei Seneca, dass jeder Leser aus dem gleichen Text das seinen Interessen Entsprechende herauslese: »Auf der gleichen Wiese sucht die Kuh ihr Gras, der Hund den Hasen, der Storch die Eidechse.« Das gilt, wie für den gewobenen Text im Ganzen, so für die einzelnen darin verwobenen Wörter. Auf dem gleichen Feld findet der Wahlkämpfer seine Wahlkampagne, der Caravan-Tourist seinen Campingplatz und der Fussball-Fan seine Champions League, und dieses »Feld« ist hier auch ganz unbildlich ein Feld: ein *campus.*

Das lateinische Wort bezeichnet jedes freie, offen sich darbietende Stück Land. Für den Stadtrömer war das zuvörderst der *Campus Martius* in der Tiberschleife, das nach einem Altar des Kriegsgotts so benannte »Marsfeld« westlich des heutigen Corso, das Gebiet um Pantheon und Piazza Navona bis zum Mausoleum des Augustus hinauf. Dieser noch in Augusteischer Zeit weithin unbebaute *Campus* bot den Römern – und allenfalls auch dem Tiber – freien Auslauf; da steht das Wort für Ausfahrten und Ausritte, vielerlei Ballspiele und jederlei Zeitvertreib. »Was morgen sein wird, flieh zu fragen ...«, rät Horaz dem jungen Römer: »Jetzt suche du nur fleissig den *Campus* auf und die weiten Plätze, zu zartem Liebesgeflüster im Dämmer zu bestimmter Stunde ...«

Da lockt der *Campus Martius,* als wär's ein *Campus* der Venus. Anderswo, fern von Rom, hatte das Wort anderen, nun wirklich martialischen Klang: Da stand der *campus* für das »Schlachtfeld«, auf dem es nicht um einen Punktsieg im Ballspiel, sondern um Tod und Leben ging. So mächtig hat sich diese Bedeutung im Sprachgebrauch durchgesetzt, dass aus dem lateinischen *campus* geradewegs ein althochdeutscher *champf* im Sinne eines Zweikampfs oder wieder einer Feldschlacht hervorgehen konnte. Im Mittelhochdeutschen hat dieser *kampf* mit dem Verb *kempfen*, einem *kempfer* und einer Reihe von Komposita kräftig ausgeschlagen, und die Verbindung *kampfstat,* »Kampfstätte«, lässt erkennen, dass die neue Bedeutung »Kampf« die ursprüngliche eines »Feldes« bald vollends verdrängte. Auf einem Seitenweg hat sich ein spätlateinischer *cambio* zu einem französischen Turnier-*champion* und schliesslich zu einem englischen Sport-*champion* durchgekämpft.

Mit den auf freiem Feld gesammelten Champignons ist der alte *campus* auf die Speisekarten und über die Rebfelder der französischen Champagne auf die Weinkarten der Welt gelangt – wobei die Ubiquität dieses *campus* auf den Landkarten nebenbei auch dem Schweizer Kanton Waadt, genau: dem Weinort Champagne, einen eigenen »Champagner« beschert hat.

Das italische Kampanien ist ursprünglich wohl nach seinem oskischen Hauptort Capua benannt gewesen und erst unter seinen römischen Herren als eine lateinische »Feldschaft« verstanden worden. Dort ist das Wort wieder zu einem friedlichen Klang gekommen. In den romanischen Sprachen hat die seit alters geschätzte kampanische Bronze, lateinisch *Campanum aes,* den im Mittelalter aufkommenden Kirchenglocken den Namen gegeben; daher rührt die Bezeichnung *Campanile* für die damals neu errichteten Glockentürme und der botanische Name *Campanula,* »Glöckchen«, für die blaue Glockenblume.

Ob jener Storch nach einem Champions-League-Finalspiel auf dem grünen Rasen noch eine unvergrämte Eidechse finden könnte, sei dahingestellt. Aber dafür haben auf diesem *campus* doch viele andere von den Weinkennern bis zu den Fussball-Fans das Ihre gefunden, und dann wäre unter diesem Stichwort ja noch mancherlei Weiteres zu nennen, so der prägefrische studentische Campus rings um die Alma mater, der wieder leicht abgefälschte Campidoglio zu Häupten der Ewigen Stadt und die Elysischen Gefilde der Pariser Champs-Élysées ...

Computer

Sachimport und Wortimport gehen in der Regel miteinander einher; die englische Aussprache des »Computers« ist dafür ein treffliches Beispiel. Das Kopfstück »Com-«, »Zusammen-«, weist zwei Jahrtausende weiter aufs Lateinische zurück, und tatsächlich: Da findet sich schon im Schulwörterbuch nicht nur ein Verb *computare,* »(zusammen-) rechnen«, sondern auch ein erster *computator,* ein fleissiger »Rechner«. Römische Rechner sind, nebenbei, Digitalrechner der allerersten Generation: *»... digitis rationem computat«,* »mit den Fingern rechnet er sich sein Plänchen aus«, heisst es bei Plautus von einem scharf kalkulierenden Sklaven, und beim jüngeren Plinius von einem Astrologen: *»movet labra, agitat digitos, computat ...«,* »Er bewegt die Lippen, wirbelt die Finger, rechnet ...«

Wer je mit Gaius Julius Caesar auf und ab durch das dreigeteilte Gallien gezogen ist, kennt das einfache Verb *putare* in der gängigen Bedeutung »glauben, meinen«. Von den drei Bedeutungssprüngen, die es dahin gebracht haben, weiss das Schulvokabular freilich nichts mehr zu vermelden. In einzelnen Verbindungen wie *lanam putare,* »(frischgeschorene) Wolle reinigen« oder *aurum putare,* »Gold (von unedlen Beimengungen) reinigen«, ist die Ursprungsbedeutung »reinigen« noch zu fassen; sie geht zurück auf ein altes Adjektiv *putus,* »rein«, das sich im klassischen Latein fast ausschliesslich in der altertümlichen Formel *purus putus,* »pur (und) rein«, erhalten hat.

Zu seinem ersten Bedeutungssprung ist dieses *putare* bei den Wein- und Obstbauern gekommen. Der Winzer »reinigt« seine Reben von allzu üppigen Trieben, der Bauer »reinigt« seine Obstbäume von abgestorbenen Ästen, indem er sie schneidet, und so begegnet das Verb seit früher Zeit, zuerst in Catos praktischem Leitfaden der Landwirtschaft, auch in der Bedeutung »(Reben) schneiden, (Bäume) schneiden«. In drastischer Bildlichkeit ist dazu im 1. Jahrhundert v. Chr. das mit dem Kopfstück *am(bi)-,* »beidseits, ringsum«, gebildete medizinische Fachwort *amputare,* »amputieren«, aufgekommen.

Zugleich hat ein grösserer solcher Sprung, offenbar über die bildliche Vorstellung einer »bereinigten« Summe von Soll und Haben, zu der zukunftsträchtigen Bedeutung »rechnen« geführt, und von da war es dann nur noch ein kleiner Schritt zu der nachmals geläufigen Bedeutung »glauben, meinen«. Hier haben die Komposita *disputare,* eigentlich »(eine Streitfrage) auseinanderrechnen«, und *computare,* »(einzelne Posten) zusammenrechnen«, ihren Ursprung. Der gelehrte Varro, ein Zeitgenosse Ciceros, hält fest, die *disputatio* und die *computatio* seien »aus der Vorstellung des Reinigens« hervorgegangen, weil beides, das Erörtern wie das Berechnen, eine Sache »rein zu machen vermöge«.

Aber wer war jener erste *computator,* jene erste Schwalbe, die dem gegenwärtigen Computerfrühling fast zwei Jahrtausende vorausgeflogen ist? Seneca hat sie fliegen lassen, in einem späten Stück seiner »Briefe an Lucilius«. Da geisselt der bissige Moralist einen rechenwütigen *»computator«,* der in seinem Gegenüber nichts als

Grundbesitz und Hypotheken, Guthaben und Schuldbriefe sieht und nicht davon lassen kann, Aktiva und Passiva so lange gegeneinander ins Reine zu rechnen, bis der so eingeschätzte, abgeschätzte *Homo possessor*, von allem Unbezifferbaren gereinigt, schliesslich als blosse, nackte Summe vor ihm steht, mit jenem alten Wort: als ein *purus putus.*

Cyber-War

Der Cyber-Space: das ist der Raum, in dem es kein Hier und Dort, kein Nah und Fern gibt, in dem alle Orte nur den einen gleichen Mausklick nah und fern sind. Da gibt es keine Länder und keine Grenzen, und wenn ein Wächter da sein: Wer da? Woher? Wohin? hineinruft, so schallt allemal ein Niemand, Nirgendwoher, Überallhin zurück. Und nach den Star-Wars, die der alte Lukian in seinen »Wahren Geschichten« als erster angesponnen und die Gegenwart dann kräftig fortgesponnen hat, gibt es in diesem neuen Cyber-Space nun auch einen neuen Cyber-War, von dem der grosse Fabulierer sich noch nicht hat träumen lassen.

Auch dieses »Cyber-« selbst kommt letztlich aus dem Nirgendwo. Sein Comeback in der Gegenwart hatte das Wort 1948 in Norbert Wieners Buchtitel »Cybernetics«, zu Deutsch »Steuerkunst«. Ein Etymo-Click auf dieses »Cyber-« führt zu dem griechischen Verb *kybernán,* »steuern«, und weiter zu einem *kybernétes,* einem »Steuermann«, und seiner *kybernetiké (téchne),* »Steuermannskunst«. Dieser *kybernétes* begegnet ein-, zweimal in der »Ilias«, dann mehrfach in der »Odyssee«; aber seine Herkunft bleibt im Dunklen. Das Wort ist selbst ein Irrfahrer im Wörtermeer, ohne jede Verwandtschaft im Griechischen, wer weiss, von woher an griechische Küsten verschlagen.

Der weitere Kurs dieses *kybernétes* liegt offen zutage. Durch die Griechenstädte Süditaliens kam die Landmacht Rom im Krieg mit Karthago zu einer Kriegsflotte und das Lateinische zu einigem Seefahrtsgriechisch. Fortan musterte der griechische *naútes,* »Schiffsmann«, unter römischem Kommando als ein lateinischer *nauta* an, räuberte der griechische *peiratés* – eigentlich: »der's probiert, der's riskiert« – in römischen Gewässern als *pirata* weiter, kehrte die griechische *nausíe,* »Schiffskrankheit«, römischen Griechenland-Touristen als *nausea* den Magen um. Entsprechend wurde aus dem griechischen Verb *kybernán* ein lateinisches *gubernare,* aus dem *kybernétes* ein *gubernator* – und zu ihm gesellte sich nun noch eine *gubernatrix,* eine »Steuerfrau«.

Natürlich hat es damals keine Frau am Steuerruder gegeben. Aber in der Bildersprache der Antike figurierte auch der Mensch, auch der Staat als ein Schiff in bewegter See, und da mochte dann auch eine weibliche Hand das Steuer führen. In Terenzens »Eunuchus« preist ein junger Liebender die Fortuna als die *gubernatrix,* die »Steuerfrau«, seines Lebensglücks, und in seiner Schrift »Über den Redner« rühmt Cicero die Redekunst als die *gubernatrix,* die »Steuerfrau«, der Staaten. In der Neuzeit hat diese staatsmännische Steuerkunst aus dem alten *gubernator* einen französischen *gouverneur* und einen englischen *governor* werden lassen. Aber wer denkt bei einer altjüngferlichen »Gouvernante« noch an eine Steuermannskunst in Sturm und schwerer See?

Norbert Wiener hat mit seinem Buchtitel *»Cybernetics«* aufs Griechische zurückgegriffen. Der Argonautenmythos erzählt von dem Steuermann Tiphys und seiner windschnellen »Argo« und weiter von den Symplegaden, den zwei »zusammenschlagenden« Felsen am Bosporos, die zuerst einer vorausgeschickten Taube eine Schwanzfeder und dann dem Schiff das hinterste Heck abgeschlagen hätten. Jetzt haben neue Symplegaden der schwanzlastigen »Kybernetik« das Heck und dazu noch das »n« vom Rumpf abgeschlagen, und damit ist das so zurechtgestutzte »Cyber-« nun fit für weitere Cyber-Komposita von der »Cyber-Attacke« bis zum »Cyber-War«.

Debakel

Nach einer krachenden Wahlniederlage, einer gescheiterten Unternehmens-Fusion oder einem plötzlichen Kurssturz an der Börse wird das »Debakel« allemal zum vielgehörten Klage- und Jammerwort. Aber ein Debakel ist eben doch nur ein Debakel; weitab von einer verheerenden »Katastrophe«, wortwörtlich einer »Hinabwendung«, oder einem »Desaster« unter einem unheilverkündenden »Unstern« bezeichnet das »Debakel« auf der Unglücksskala der Sprache einen vergleichsweise harmlosen Schadensfall. Bei einem Debakel geht es nicht um Leben und Tod; da geht es allenfalls um ein schandbar schwaches Wahlergebnis, eine magere Jahresbilanz oder ein schmählich hoch verlorenes WM-Finale.

Die französischen Verben *bâcler* und *débâcler,* »verriegeln« und »entriegeln«, schlagen die Brücke in die lateinische Muttersprache zurück, zu einem hölzernen *baculum,* »Stock, Stab«, das im klassischen Latein zumeist eine hilfreiche »Stütze« oder »Krücke« bezeichnet. In Vitruvs Lehrbuch der Architektur aus Augusteischer Zeit begegnet das Wort vereinzelt bereits in der speziellen Bedeutung eines Tür- oder Fenster-»Riegels«, und in dieser Bedeutung haben römische Schreiner und Schlosser das *baculum* und das verlässlich zu erschliessende Missing Link eines spätlateinischen *baculare* bzw. *debaculare* ins Galloromische eingeführt. Seit dem späten 13. Jahrhundert erscheint im Altfranzösischen ein *bâcler,* seit dem frühen 15. Jahrhundert dann auch ein entsprechendes *débâcler;* da hat die Sprache es mit dem Wieder-Aufsperren der im dunklen Mittelalter verriegelten Türen und Fenster offenbar nicht eilig gehabt.

Mit den Substantiven hat sich das Französische noch einige Jahrhunderte länger Zeit gelassen. Der Dictionnaire von Paul Robert datiert eine erste *bâcle* in der Bedeutung eines hölzernen oder eisernen Tür- oder Fensterriegels erst auf das Jahr 1866, eine erste *débâcle* bereits auf das Jahr 1690, und diese in grandioser übertragener Bedeutung: »Ein Aufbrechen der Eisdecke«, erklärt der »Petit Robert« den bildhaften Wortgebrauch, »deren Stücke von der Strömung fortgetragen werden.« Da hat der Fluss, verstehen wir, vor dem Wintereinbruch alle Fensterläden fest verriegelt und sich unter seiner Eisdecke in sein warmes Bett zurückgezogen, um dann bei Frühlingsbeginn die Riegel fröhlich wieder aufzuschieben oder vielmehr samt den Fensterläden gleich bachab, stromab zu schicken. In Faustens »Osterspaziergang« vor dem Tor ist die heitere Szene zum klassischen Osterdebakel geworden: »Vom Eise befreit sind Strom und Bäche / durch des Frühlings holden, belebenden Blick ...«

Mit dem einen kühnen Sprung von den Tür- und Fensterriegeln zu den aufbrechenden Eisdecken und den davonschwimmenden Eisschollen hat die Bilderlust der Sprache es nicht genug sein lassen. Von da ist das bildkräftige Wort in der Folge auf mancherlei weitere bruch- und rissgefährdete Szenarien übergesprungen: Da malt zunächst ein bewegtes Schlachtfeld-»Debakel« das plötzliche Einbrechen einer Frontlinie und das wilde Davonstürmen der Verteidiger, da illustriert ein Wirtschafts-»Debakel« das Einreissen einer allzu dünn gewordenen Finanzdecke und das Davonstieben der Investoren, da karikiert ein Wahl-»Debakel« das krachende Aufreissen einer Glaubwürdigkeitslücke und das stille Abschleichen der Protestwähler. Aber wie gesagt: Ein Debakel ist allemal doch nur ein Debakel, keine Katastrophe und nicht einmal ein Desaster, und die meisten Börsen-, Wahl- und WM-Debakel sind vor dem nächsten Osterdebakel schon längst bachab geschwommen.

Design

»Ein Bier, ein Bier, das macht den Durst erst schön ...«: So fing einmal ein Trinklied an, in dem »Kehle« sich sinnigerweise – man ahnt es – auf »Seele« reimte, und dazu gab es damals ein Plakat, auf dem ein schäumender Bierhumpen gleich einer Fata Morgana über glühende Sanddünen hinschwebte. Aber das ist Schaum von gestern; heute sind es die Designer-Etiketten auf den Designer-Bierflaschen, die den Durst erst so recht schön machen.

Schauen wir tief ins Designer-Glas, erscheint da im Grunde ein lateinisches *signum,* »Zeichen«, das in unserem Euro-Wortschatz vielfach fortlebt, so im Deutschen über ein verkleinertes *sigillum* im »Siegel«, sodann über das Verb *signare* im »Signieren« und der Lehnübersetzung »unterzeichnen« sowie, des Kreuzeszeichens wegen, im »Segnen«, schliesslich über ein spätes Adjektiv *signalis* im »Signal«. Verschiedene Komposita haben über ein Partizip *significans,* »Zeichen setzend«, zu »signifikanten« statistischen Daten, über das Adjektiv *insignis* zu den »Insignien«, den augenfälligen Zeichen von Amt und Würde, und über ein *resignare* zur »Resignation«, dem Verzicht auf einen besiegelten Anspruch, geführt. Und das Kompositum *designare* hat dem alten Wort jetzt im »Design« noch eine jüngste Verjüngung beschert.

Dieses *designare* bezeichnet ursprünglich eben das »Bezeichnen«. *»Nunc sum designatus aedilis ...«,* ruft der junge Cicero in seinem ersten grossen Strafprozess stolz aus: »Jetzt bin ich ein designierter Ädil ...«, und mit diesem speziellen Terminus politicus sprechen wir bis heute von einem »designierten«, für ein Amt bezeichneten Magistraten. Bereits in klassischer Zeit begegnet eine vom allgemeinen »Bezeichnen« zum bildnerischen »Darstellen« verschobene Wortbedeutung. Da ist das Bild als ein Zeichen betrachtet, da wird das »(Ab-) Bilden« zum »(Be-) Zeichnen« und dann geradezu zum »Zeichnen«. Der zukunftsträchtige Wortgebrauch findet sich zuerst in Ovids Metamorphose der kunstfertigen Arachne, die Athene zum Wettstreit in der Bildwirkerei herausfordert und um dieser Hybris willen in eine Spinne verwandelt wird. Als erstes »wirkt« sie dort die von Jupiter in Stiergestalt entführte Europa ins Gewebe; da heisst es lateinisch: *»designat ... Europam«,* wortwörtlich: »bezeichnet, zeichnet sie Europa«.

Diese bildnerische Bedeutung hat sich in den neuen Sprachen durchgesetzt, zunächst im italienischen *disegnare,* dann im französischen *dessiner* und danach im englischen *design,* das neuerdings auch im Deutschen zu einem werbekräftigen, irgendwie »Kunst« und »Stil« verheissenden Modewort geworden ist. Die französischen »Dessins« sind auf die Textilien und Tapeten beschränkt geblieben; das »Design« ist auf dem besten Wege, sich querfeldein auf alle Wirtschaftssparten auszubreiten. Die buntgemischte Palette im Schaufenster des Internets präsentiert vielerlei »Designer«-Kreationen und -Komposita, von stilvollen »Designer-Stehlampen« und anderen Interieurs, »Designer-Handtaschen« und anderen Accessoirs bis hin zu der horriblen Wortschöpfung eines nach Wunsch designten »Designer-Babies«.

Apropos »designt«: Zu guter Letzt hat der Designer-Jargon noch ein leicht abgefälschtes neudeutsches Verb kreiert: Ich designe, du designst, er, sie, es designt ... Das steht so durchkonjugiert bereits im Grossen Duden der 90er Jahre, wie übrigens auch schon das »Stylen«: Ich style, du stylst, er, sie, es stylt ... Zwei gestylt designte Wörter fürs Feine, wobei das »Stylen« mit seinem edlen – auch wieder abgefälschten – griechischen »y« dem »Designen« dann doch das wahre Tüpfelchen auf dem »i« voraushat.

Dialog

Auch Wörter haben manchmal einen Heimatort: Der »Dialog« ist im alten Athen des 5. Jahrhunderts v. Chr. beheimatet. Dort hat zuerst Sokrates unter dem Zeichen des Delphischen »Erkenne dich selbst!« – in dem Sinne: Erkenne, wie wenig weisst, wieviel du zu suchen hast! – seine Mitbürger zu einer fortgesetzten Werteprüfung und Wertesuche aufgerufen; dort hat darauf Platon diese Sokratischen – mit dem damals noch prägefrischen Wort: philosophischen, »Erkenntnis suchenden« – Gespräche in seinen kunstvoll ausgestalteten »Dialogen« abgebildet und fortgeschrieben. »Ein nicht ständig überprüftes Leben«, lässt Platon den auf Tod und Leben Angeklagten in seiner fiktiven Verteidigungsrede ausrufen, »ist nicht lebenswert für einen Menschen!«

Der aus dem Kopfstück *dia-,* »durch-«, und dem griechischen Urwort *lógos* zusammengesetzte *diálogos* begegnet erstmals in Platons »Protagoras«. Als Sokrates sich aus der feinen Sophistenrunde im Hause des Kallias zurückziehen will, hält der Gastgeber ihn an seinem abgewetzten Mantel zurück: Wenn er gehe, würden die Gespräche – die *diálogoi* – nicht mehr gleicher Art sein. Der Sokratische »Dialog« war mehr, als das Wort heute noch sagt, mehr als ein blosses Ins-Gespräch-Kommen und Miteinander-Reden, mehr als ein Standpunkte-Austauschen und Kompromisse-Suchen. Weit über Sokrates und Platon hinaus ist der Dialog seither zum Instrument der Wissenschaft und in der Politik zum Königsweg zu Frieden und Verständigung geworden.

Das Schulvokabular verdolmetscht den *lógos,* das Grundwort hinter aller »Logik« bis hin zum saloppen »Logo!«, sogleich mit »Sprache« und »Vernunft« und sollte doch zuerst die »Rechnung« nennen. Da geht es um Rechnungsführung und Rechnungslegung; die Ableitungen *logismós* und *logistiké (téchne)* bedeuten geradezu »Berechnung« und »Rechenkunst« – daher ja noch, über die Berechnung des militärischen Nachschubs, die »Logistik«. Im Anschluss daran bezeichnet dieser *lógos* überhaupt Zahlenverhältnisse wie 2 zu 1, 3 zu 2, 4 zu 3 für Oktave, Quinte und Quarte. Die Schlüsselbedeutung »Verhältnis« weist den Weg vom Rechnen zum Sprechen und Denken hinüber: Mit jedem noch so einfachen Satz, den wir bilden, setzen wir ja fortwährend handelnde Subjekte und betroffene Objekte, Ursachen und Folgen und wie die vielerlei Satzglieder und »logischen« Bezüge alle heissen, ins Verhältnis zueinander.

Entsprechend erklärt sich der *diálogos* mit seinem Kopfstück *dia-*, »durch-«, als ein »Durchrechnen, Durchsprechen, Durchdenken«, und zwar als ein Miteinander-Durchsprechen in Rede und Gegenrede, Frage und Antwort, Zustimmung und Einwendung. Denn obwohl dieses *dia-* mit dem anderen Kopfstück *di-*, »zwei-, zwie« – wie im »Dilemma« des Esels zwischen den zwei Heubündeln – nichts zu tun hat und der *diálogos* dem irreführenden Anklang zum Trotz keineswegs ein »Zwiegespräch« bezeichnet, gehören zu einem eigentlichen Dialog doch allemal zwei Sprechende, allenfalls auch Streitende: sozusagen zwei Rechner, die von einem Schritt zum nächsten jeweils ihr Übereinstimmen – griechisch: ihr *homologeín*, wörtlich: ihr »Gleich-Rechnen« – kritisch überprüfen.

Dem *philósophos*, dem »Freund der Erkenntnis«, hat Platon mehrfach einen ihm nachgeprägten *philólogos*, einen »Freund des Dialogs«, zur Seite gestellt. Das Wort ist ursprünglich auf den Erkenntnissuchenden gemünzt, der dem Logos und der Logik in der Sprache vertraut, der auf den Dialog als den Königsweg der Wahrheitssuche baut. Zu einer »Philologie« und zu »Philologen« in der heutigen Bedeutung ist es erst später gekommen. Ganz im Sinne Platons spricht Epikur in einem kurzen Spruch von einer im alten Wortsinn »philologischen« Wahrheitssuche, um das Paradox eines solchen Dialogs hervorzukehren: »In einer philologischen – auf den Logos, den Dialog setzenden – gemeinsamen

Wahrheitssuche trägt der Verlierer den grösseren Gewinn davon: in dem Masse, in dem er hinzugelernt hat.«

Digital

Es ist noch nicht so lange her, da gesellte sich zu den Gegensätzen wie Gross und Klein ein altsprachlich »hybrider« neuer hinzu: der von griechisch »Analog« und lateinisch »Digital«. Der betraf zuvörderst die Uhren, die vertrauten analogen, die den Verlauf der Stunden und Minuten griechisch *aná lógon,* »in entsprechendem Verhältnis«, zum Umlauf der Zeiger anzeigen, und die modernen digitalen, die die Stunden und Minuten in *digits,* in »Ziffern«, durchzählen. Mittlerweile ist das »Digitale« weit über alle Zeitanzeigen hinaus von der »Digitalisierung« eines Bibliotheksbestandes und der durchgehend »digitalisierten« Industrie 4.0 bis überhaupt zur »digitalen Schweiz« eine allgegenwärtige Chiffre für Fortschritt und Zukunft geworden.

Die zweimal fünf Finger, die uns das Zahlensystem mit den Einern und Zehnern vorgegeben haben, sind zugleich unser natürlicher Taschenrechner, und der lateinische *digitus,* »Finger«, schlägt die Brücke von altrömischen Fingerrechenkünsten zu unseren jüngsten Digitalisierungskünsten. In einer Plautinischen Komödie sind sich das »Digitale« und der »Computer« vor mehr als zwei Jahrtausenden ein erstes Mal begegnet. Da beobachtet ein Nachbar den Sklaven Palaestrio, wie der in stummem Spiel mit drastischer Gestik und wirbelnden Fingern seine Intrige ausheckt oder vielmehr aus-»rechnet«: *»Ecce: ... Dextera, digitis rationem computat ...«,* »Sieh: Mit der Rechten, mit den Fingern rechnet er sich seinen Plan aus ...«

Kopfrechnen und Fingerrechnen gehörten damals offenbar zusammen; wer auf der Bühne einen Rechner darzustellen hatte, liess die Finger spielen. Nicht zufällig ist es dann noch einmal zu einer solchen zukunftsträchtigen Begegnung des *digitus* und des *computare* gekommen. Da schildert der jüngere Plinius eine ganz ähnliche Szene, in der ein übler Erbschleicher namens Regulus den fingerfertig rechnenden Astrologen mimt, eine Schwerkranke nach Tag und Stunde ihrer Geburt fragt und sich daraus das passende Fake-Horoskop zusammenschustert: »*Componit vultum, intendit oculos, movet labra, agitat digitos, computat ...«,* »Er setzt eine gelehrte Miene auf, blickt angespannt vor sich hin, bewegt die Lippen, wirbelt die Finger, rechnet ...«

In einem seiner Briefe an Atticus nimmt Cicero seinen Verleger einmal freundschaftlich-ironisch hoch: *»... si tuos digitos novi«,* »... wenn ich deine Finger – sprich: deine Rechenkünste – kenne«. Und in seinen Altersbriefen rechnet Seneca mit der Rechenkunst selbst ab, und wieder stehen die Finger und die »Rechnereien« da nah beieinander: »Der Landvermesser lehrt mich zu zählen und macht meine Finger der Habgier dienstbar, statt dass er mich lehrte, dass alle diese Rechnereien – *computationes* – zu nichts führen: dass der kein glücklicherer Mensch ist, dessen väterliches Erbe die Vermögensverwalter strapaziert, ja noch mehr: wie viel Überflüssiges der besitzt, der zum unglücklichsten Menschen würde, wenn er sein Vermögen einmal selbst zusammenrechnen sollte ...«

Neuerdings haben die Computer dem *Homo computans* das Fingerrechnen und überhaupt alles Rechnen abgenommen. Abseits der Benutzeroberfläche, im verborgenen Untergrund des Prozessors, haben sie unser fingerbedingtes Zehnersystem durch ihr IT-bedingtes Zweiersystem mit seinen *binary digits* oder kurz Bits, den Einsen und Nullen, ersetzt. Und nun sprechen wir diesen jüngsten Schub der industriellen Innovation, als wären unsere zehn Finger da noch irgendwie im Spiel, ausgerechnet wieder als eine »Digitalisierung«, eine »Verfingerung« an. Auch die Sprache hat ihre

Benutzeroberfläche und ihre verborgenen Untergründe, und da oben schert es dieses »Digitale« jetzt nicht mehr gross, was es da unten mit den Fingern und dem Rechnen einstmals auf sich hatte.

e-

Das »a«, das »o« und das »u« haben es in der Sprache bisher lediglich zum Ausdruck freudiger, staunender und widriger Emotionen gebracht; aber schon seit einiger Zeit steht das kleine »i« kurz für jegliche Info alias Information, und seit neuestem steht nun auch ein blosses »e-« kurz für alles »Elektrische« und »Elektronische« wie in der e-Mail und im e-Banking, in der e-Mobilität mit e-Bike, e-Roller oder e-Auto, und zu der lautstarken Formel 1 hat sich jüngst noch die lautlose Formel E gesellt. Aber wie hiess das eben? »Emotionen« und »e-Mobilität«? Ja, da gibt es Sprachverwandtschaft und Sachbezüge: Bei den ersten kommt die Seele in Null Komma Nichts aus der Startbox, bei der zweiten das e-Mobil in Fünf Komma Null auf achtzig.

Dieses heute weltweit geläufige »e-« – im griechischen Alphabet notabene kein kurzes Epsilon, sondern ein langes Eta – hat eine jahrtausendeweit leuchtende Geschichte. Mit dem Beinamen des Sonnengotts *Eléktor* – wir verstehen: »der sonnenhell Strahlende« – ist es in Homers »Ilias« ins Licht der Wortgeschichte eingetreten, und etwas später ist diesem *Eléktor Hyperíon,* diesem »Strahlenden über uns Hinwandelnden«, in der »Odyssee« noch ein *élektron* alias *élektros* gefolgt. Die Varianten haben gleicherweise doppelte Bedeutung: Einmal bezeichnet das Wort eine zunächst bergmännisch in Goldminen geförderte, dann auch handwerklich im Verhältnis 4 zu 1 hergestellte Gold-Silber-Legierung, ein andermal den seit früher Zeit auf dem Seeweg, seit dem 4. Jahrhundert v. Chr. auch auf dem Landweg von der Ostsee ans Mittelmeer gelangten Bernstein.

So hell und klar diese drei Bedeutungen, so dunkel ist die Herkunft des Wortes. Sonnenklar scheint jedoch, dass jener Homerische himmlische *Eléktor* sowohl der goldglänzenden Legierung als auch dem sonnengelben Bernstein den Namen gegeben hat. Dazu fügt sich eine Mythenerfindung, die wir in Ovids Verwandlungssagen lesen: Als Phaëthon, der Sohn des Sonnengotts, aus dem ausser Kontrolle geratenen, zwischen Himmel und Erde schleudernden *Eléktor*-Mobil in den Eridanus hinabstürzte, seien seine trauernden Schwestern, die Heliaden, am Ufer des Po in Pappeln, ihre aus den Stämmen hervorquellenden Tränen in Bernstein – *electrum* – verwandelt worden.

In der Neuzeit hat das lateinische *electrum* einzig noch den Bernstein bezeichnet, und nun nicht mehr in sonnenhellen, sondern in magnetischen Bezügen. Bereits im 4. Jahrhundert v. Chr. hatte Platon die »staunenerregende« Anziehungskraft des Bernsteins mit der geradeso rätselhaften Anziehungs- und Abstossungskraft des damals sogenannten »Herakleïschen Steins« verglichen, den der Tragiker Euripides als erster den »Magnetischen Stein« genannt hat, dies wohl nach einem Fundort bei Magnesia, dem heutigen Manisa nahe Izmir. Seit der Zeit sind die elektrischen und die magnetischen Phänomene eng miteinander verbunden geblieben; im neuzeitlichen Begriff des »Elektromagnetismus« sind sie ja auch sprachlich verkoppelt.

Im Jahr 1600, zwei Jahrtausende nach Platon, hat der englische Arzt und Naturforscher William Gilbert in seinem Werk »De magnete magneticisque corporibus« den *corpora electrica,* »bernsteinhaften Körpern«, eine grundlegende Erörterung gewidmet. Sein neugeprägtes *electricus,* »bernsteinhaft, elektrisch«, hat in der Folge in allem »Elektrischen« und »Elektronischen« ein weites Bedeutungsfeld gefunden. Im späten 19. Jahrhundert ratterte in Berlin die erste »Elektrische«, dieses erste e-Tram ohne Pferdetraktion, über den Potsdamer Platz, seit dem späten 20. Jahrhundert korrespondieren wir per e-Mail, und seit jüngstem entlocken die lautlos dahinrasenden Formel-E-Mobile den Zuschauern auf den Tribünen ihre lautstarken »Aaah«-, »Oooh«- und »Uuuh«-Rufe – und in den Social Media die entsprechenden, auch wieder sprachverwandten Emojis.

Energie

»Die Natur«, sagt Heraklit, »liebt es, sich zu verbergen.« Der Naturprozess vollzieht sich vor unseren Augen, aber der Betrachter hat da keinen Einblick und keinen Durchblick, und unsere Sprache bezeugt es mit reflexiven Verben: Der »springende Punkt« im Ei, der durch Aristoteles zum geflügelten Wort geworden ist, entwickelt »sich«, sich selbst, zum Herzen; das Küken entwickelt »sich«, sich selbst, zum Huhn, und dieses »selbst« ist da allemal zugleich Subjekt und Objekt. Der Naturprozess ist, mit Goethes Paradox, »öffentlich Geheimnis«, offenliegend und doch undurchschaubar. Wie kann aus dem Ei ein Huhn hervorgehen, was haben das Ei und das Huhn gemeinsam? Zweieinhalb Jahrtausende vor der Entdeckung der DNA hat der grosse Zoologe Aristoteles versucht, mit dem griechischen Begriffspaar *dynamis,* »Möglichkeit«, und *enérgeia,* »Wirklichkeit«, wenigstens begrifflich etwas Licht in die Black Box von Ei und Huhn, Huhn und Ei zu bringen.

Die von dem Verb *dynasthai,* »können«, abgeleitete *dynamis* mit ihrem weiten Bedeutungsspektrum jedweder Leistungsfähigkeit hat Aristoteles in der griechischen Sprache vorgefunden; die *enérgeia,* wortwörtlich das »Am-Werke-Sein«, hat er aus dem Adjektiv *énergos,* zu Deutsch stammverwandt »am Werke, am Wirken, tätig«, neu gebildet. Das Ei, erklärt Aristoteles, sei *dynámei,* »dem Entwicklungspotenzial nach«, ein Huhn, insofern als unter glücklichen Umständen daraus einmal eines werden könne; das ausgewachsene Huhn sei *energeía,* »dem Am-Werke-Sein nach«, ein Huhn, insofern als es nunmehr so recht hühnermässig werke und wirke – wobei dieses Werken und Wirken hier im Scharren und Gackern, Körnerpicken und Eierlegen besteht. Vom Misthaufen herab hören wir einen stolzen Hahn die schuldige Political Correctness anmahnen: Auch er ist mit seinem Krähen ja wirklich voll »am Werk« und damit »wirklich« ein Hahn.

Weit über die Fachsprache hinaus hat das Aristotelische Begriffspaar der *dynamis* in Ei und Küken und der *enérgeia* von Huhn und Hahn in unserem Wortschatz fortgewirkt. Die *dynamis* lebt in der »dynamischen« Entwicklung und der ihr eigenen inneren »Dynamik« fort, nicht zu vergessen der »Dynamo« und das brisante »Dynamit«; die *enérgeia* ist in der Neuzeit zu der physikalischen Messgrösse der »Energie« und in jüngster Zeit noch zu einem wiederum brisanten umweltpolitischen Schlagwort geworden. In der Spätantike sind die lateinischen Lehnübersetzungen *potentialitas* und *actualitas,* im Euro-Wortschatz »Potentialität« und »Aktualität«, aufgekommen, und daran haben sich im Mittelalter noch unsere mittelhochdeutschen Entsprechungen *mügelicheit* und *werkelicheit,* »Möglichkeit« und »Wirklichkeit«, angeschlossen.

Auf dem Hühnerhof ist mit der Entwicklung vom Ei zum Huhn oder zum Hahn seit Aristoteles alles beim Alten geblieben; in der Sprache haben sich die alten Schlüsselbegriffe neu aufgestellt. Da wirkt heute eine tatkräftige »dynamische« Führungskraft neben einer geradeso tatkräftigen »energischen« Kollegin; da tritt ein FC Dynamo Dresden gegen einen nicht minder dynamisch dreinkickenden FC Energie Cottbus an. Mit dem Aufkommen der Zeitungen im 19. Jahrhundert hat die »Aktualität« ihren heutigen Bezug auf das »aktuelle« eben jetzt ins Werk gesetzte und zur Wirkung gelangte Tagesgeschehen gewonnen. Die »Wirklichkeit« spricht die ganze Welt rings um uns her wie selbstverständlich als ein einziges grosses Werken und Wirken an; aber wer nimmt sie heute noch beim Wort und verwundert sich darüber? Und wenn jetzt ein Grüner erklärt, jetzt seien die erneuerbaren Energien wirklich topaktuell, ist jene alte Aristotelische *enérgeia* in dem kurzen Allerweltssatz gleich dreimal und in drei Sprachen dabei. Wirklich? Ja, wirklich!

Esoterik

Esoterikkurse, Esoterikläden, Esoterikmessen: Esoterik ist »in«, und mit diesem »in« sind wir der Sache und dem Wort unversehens schon ganz nahe. Aber eines nach dem anderen; das Mysterium der Esoterik verlangt eine respektvolle allmähliche Annäherung. Fangen wir ganz aussen und ganz anfangs an, mit dem weniger gebräuchlichen Gegenbegriff des »Exoterischen«. Die so nah aneinander anklingenden Wörter »Exoterik« und »Esoterik« sind prägefrisches altes Griechisch. Im »Exoterischen« hat sich das Adjektiv *exoterikós* erhalten; darin steckt an erster Stelle das Adverb *éxo*, »draussen«, an zweiter Stelle ein *-ter-*, das im Griechischen eine Steigerung bezeichnet, und an dritter Stelle der Adjektiv-Ausgang *-ikós*, der sprachlich unserem »-isch« entspricht. Fügen wir die drei Teile zusammen, so verdolmetscht sich dieses »Exoterische« als das »weiter draussen Gelegene«.

Das Wort ist – zunächst ganz für sich – im 4. Jahrhundert v. Chr. aus der Aristotelischen Schule hervorgegangen; da bezeichnet es in der Ethik einmal die »äusseren« Güter, Hab und Gut, gegenüber den inneren Werten, in der Zoologie einmal die »äusseren« Glieder, Hände und Füsse, gegenüber Armen und Beinen. Mehrfach verweist Aristoteles auf seine »exoterischen« an eine weitere Leserschaft ausserhalb der Schule gerichteten Schriften; da deutet das Wort auf das Nebeneinander der strengeren, spröderen – wie wir sagen: »akademischen« – Lehre innerhalb der Schule und ihrer leichter zugänglichen »exoterischen« Darstellung gegenüber einem weiteren Publikum. Aristoteles hat wie Platon auch Dialoge geschrieben, und die je verschiedene Überlieferung hat es mit sich gebracht, dass uns von Platon einzig die weiter verbreiteten Dialoge, von Aristoteles einzig die gelehrten Schulschriften erhalten sind.

Und das Gegenwort, das »Esoterische«? So verwunderlich es ist: Das vollkommen entsprechend mit dem richtungweisenden Adverb *éso,* »hinein«, vorneweg und wieder dem Steigerungs-Kennzeichen *-ter-* gebildete Adjektiv *esoterikós,* nun umgekehrt für das »weiter drinnen Gelegene«, erscheint erst im 2. Jahrhundert n. Chr., ein halbes Jahrtausend später, und dazu in einem eher spasshaften als ernsthaften Zusammenhang. Offenbar war den athenischen Philosophenschulen ihr Hervortreten »weiter draussen« eine Begriffsprägung wert gewesen, die fortwährende alltägliche Lehrtätigkeit innerhalb der Schule aber zu selbstverständlich, als dass sie diese etwa als »esoterisch« hätten ansprechen mögen. Und überdies: Was hätte die Steigerung da auch bedeuten sollen? »Weiter drinnen als draussen«?

Soweit wir sehen, begegnet das »Esoterische« erstmals in Lukians satirischer »Philosophenauktion«, und es hat ganz den Anschein, als sei das Wort ebendort der spitzen Feder des grossen Spötters entsprungen. In der köstlichen Satire auf die klassische Philosophie kommen die Schulhäupter von Pythagoras bis Pyrrhon der Reihe nach unter den Hammer; der Göttervater Zeus leitet die Auktion, der Götterbote Hermes spielt den Ausrufer. Und der preist da so recht marktschreierisch ebendiesen Aristoteles, der als erster von seinen »exoterischen« Schriften gesprochen hatte, als ein seltenes Schnäppchen im Duopack an: »Den hier, den kauft! Der versteht sich auf alles, überhaupt auf alles! Und was das Tollste ist: Der ist doppelt! Einer für Draussen und einer für Drinnen, ein exoterischer und ein esoterischer – da habt ihr zwei für einen!«

Zwei spiegelbildliche Wörterlebensläufe in seltsamer Verschlingung: Während jenes ursprüngliche Aristotelische »Exoterische« ein wenig gebräuchliches philosophiegeschichtliches Fachwort geblieben ist, hat sich dieses fünf Jahrhunderte später ihm so witzig abgewonnene »Esoterische« aus der vielgelesenen Lukianischen Satire in den Rang eines weltweit geläufigen Kultworts aufgeschwungen. Geht's noch weiter nach innen? O ja, hie und da begegnet auf den Esoterik-Websites eine super-edle »Esotherik«.

Examen

»Aber noch lang fort kämpfte die Brust mit fliegendem Atem, / Und von der Stirne mir troff examinalisches Nass«: In so reichlich vergossenem Examensschweiss lässt Eduard Mörike die Handvoll elegischer Verse ausklingen, mit denen er sich den Schrecken über einen späten Schultraum von der Seele schreibt: »Nächtlich erschien mir im Traum mein alter hebräischer Lehrer, / Nicht in Menschengestalt ... Ein grammatikalisches Scheusal, / Trat er zur Türe herein ...«

Das »Examen« kann einen auch im Wachen äffen, wenn man dem Wort in einem lateinischen Handwörterbuch nachspürt. Das nennt unter dem Stichwort *examen* an erster Stelle die allgemeine Bedeutung »Schwarm«, und zwar eigentlich »von Bienen, Wespen oder anderen Insekten«, dann auch übertragen »von jungen Leuten, von Kümmernissen«, und an zweiter Stelle die besondere

Bedeutung »Zünglein an der (Hebel-) Waage«. In diesem Sinne begegnet das Wort am Ende der Vergilischen »Aeneis«, wo Jupiter vor dem Zweikampf des Aeneas und des Turnus die Schicksalswaage *»aequato examine«,* »mit justiertem Zünglein«, in der Hand hält und dann die ungleichgewichtigen Lose der Kämpfer in die beiden Waagschalen legt. Dieses »Zünglein« scheint einem Examen schon näher zu kommen; aber was ist mit den Bienenschwärmen, von den Kümmernissen ganz zu schweigen?

Examinieren wir dieses *examen* einmal selbst auf Herz und Nieren: Da steht am Kopf des Wortes das geläufige lateinische Präfix *ex-*, »aus-«, am Schwanz das gleicherweise geläufige verdinglichende Suffix *-men* und dazwischen in der Mitte, da wo eben Herz und Nieren, Wortstamm und Bedeutung zu suchen wären, ein nichtssagendes blosses *-a-*, und es sieht ganz so aus, als fände sich das Wort hier selbst in der unbequemen Lage des Examenskandidaten, der auf eine Frage keine Antwort weiss und sich vorerst einmal mit einem verlegenen »Ääh ...« aus der Patsche zieht.

Kommen wir ihm zu Hilfe: Dieses zwischen dem Kopfstück *ex-* und dem Schwanzstück *-men* eingeschlossene *-a-* ist das kümmerliche Überbleibsel des lateinischen Allerweltsverbs *agere* mit der Grundbedeutung »treiben«. Ursprünglich hat dieses dreiteilige *examen* einmal *ex-ag-men* geheissen und so, Stück für Stück verdolmetscht, ein irgendwo, irgendwie »ausgetriebenes Ding« bezeichnet. Damit finden jene wild ausschwärmenden Bienen und das fein sich einstellende Zünglein an der Waage zu guter Letzt doch noch zusammen: Auf der einen Seite bezeichnet dieses *examen* den aus seinem Bienenstock »ausgetriebenen«, ausziehenden Bienenschwarm oder irgendwelche anderen Schwärme, auf der anderen Seite das je nach der unterschiedlichen Beschwerung der Waagschalen aus seiner Justierung »ausgetriebene«, nach oben oder unten ausschlagende Zünglein an der Waage.

Über dieses »Zünglein an der Waage« ist das lateinische *examen* schliesslich zu seiner dritten Bedeutung gekommen, zu der sorgfältig das Pro und Contra »abwägenden«, alle Optionen »erwägenden Untersuchung«. Das Verb *examinare* und die davon abgeleitete *examinatio* sind in der Antike fast ausschliesslich in dieser Bedeutung des »Prüfens« gebräuchlich gewesen, und das Grundwort *examen* lebt im neuzeitlichen Euro-Wortschatz einzig noch in dieser dritten Bedeutung fort. Ein eingedeutschtes »examinieren« erscheint bereits im späten Mittelalter, ein eingedeutschtes »Examen« erst in der frühen Neuzeit, und in der Folge hat das Wort seine spezielle Bedeutung einer pedantisch – eigentlich ja »pädantisch« – genau alles Schulwissen »abwägenden« Prüfung angenommen.

Spätantike Historiker und Kirchenväter haben der *examinatio* einen prüfenden *examinator* zur Seite gestellt, und der Kirchenvater Augustin dem männlichen *examinator* wieder eine weibliche *»examinatrix tentatio«*, eine »prüfende Versuchung«. Aber ein Adjektiv *examinalis* oder gar einen *examinalis liquor,* sein »examinalisches Nass«, hat Mörike aus keinem noch so ausführlichen lateinischen Handwörterbuch schöpfen können; das stieg aus seiner Leier zum ersten Mal ans Licht.

Gastronomie

Wer in einem grossen Spital auf der Suche nach Speise und Trank den Wegweisern zum Gastro-Zentrum folgt, findet sich bald hungrig und durstig am Ende seines alltagstauglichen Griechischs und Lateins – in solch einem Gastro-Zentrum ist man auf andere Weise als in der Gastronomie um das leibliche Wohl besorgt. Das griechische Wort *gastér,* das die beiden Gastro-Wörter verbindet, bezeichnet im weiteren Sinne den Bauch und die Bauchhöhle, den ganzen Bereich der modernen Gastro-entero-logie, dieser »Bauch-Innereien-Wissenschaft«, und im engeren Sinne den Magen, und ihn zumal als Sitz der Hungergefühle.

Die Wortgeschichte der »Gastronomie« beginnt – vorerst noch ohne dieses Wort – im späten 4. Jahrhundert v. Chr., jener genussfreudigen Zeit, in der die Griechen zu guter Letzt noch zu Archegeten der Kochbuchliteratur wurden und aus deren Komödien – mit Jacob Burckhardts Aperçu – ein »beständiges Schmatzen« zu uns herübertönt. Damals hatte ein sonst unbekannter Archestratos aus dem sizilischen Gela unter dem Titel *»Hedypátheia«,* etwa: »Sich-wohl-sein-Lassen«, eine poetische Gourmet-Kreuzfahrt um die – damals bekannte – Welt verfasst und darin in homerischen Hexametern und unepisch-lockerem Ton allerlei kulinarische Kunstregeln gelehrt.

Das Gedicht ist im Ganzen verloren, aber zahlreiche Zitate daraus sind mehr als ein halbes Jahrtausend später in die unendlichen Tischgespräche der *»Deipnosophistai«,* der »Speisenden Sophisten«, des Athenaios von Naukratis eingeflossen. In dieser unerschöpflichen Fundgrube, nicht zuletzt für schmatzende Komödienfragmente, wird die klassische Gourmet-Fibel jenes alten Archestratos von Gela mehrfach auch unter anderen Titeln zitiert. Gleich zu Anfang heisst es da, der Stoiker Chrysipp habe sie unter dem Titel *»Gastronomía«* angeführt; an einer späteren Stelle in den gleichen Tischgesprächen begegnet noch der entsprechende Titel *»Gastrología«.*

Die da erstmals bezeugten Komposita *gastronomía* und *gastrología,* wörtlich »Magengesetzlichkeit, Magenwissenschaft«, lassen gleich zweimal stutzen. Wie kann die Kochkunst, im Alltagsgriechisch *mageiriké téchne,* in einer Reihe stehen mit der hehren *astronomía* oder *astrología,* dieser hohen »Sternengesetzlichkeit, Sternenwissenschaft«, und anderen derart gelehrten -nomien und -logien?

Und liegen die feinen Genüsse jener *»Hedypátheia«* nicht eher auf der Zunge und unter dem Gaumen, und steht der Magen in der Sprache nicht eher fürs Grobe, für die Leere und das Knurren? Kurz: Haben wir in dieser spät bezeugten *gastronomía* am Ende gar keinen hochgestochenen Buchtitel, sondern einen pointiert auf die hohe Kunst des »Sich-wohl-sein-Lassens« gemünzten Spottnamen vor uns? Die französischen Drei-Sterne-Gastronomen, die sich diese griechisch-edle Prägung in der Neuzeit zu eigen machten, hat das nicht mehr geschert.

Die Gastro-Sprache ist voller Irrlichtereien: Da ist jener Wegweiser zum »Gastro-Zentrum«, von dem der Schreibende sich vor Jahren einmal hatte nasführen lassen; da sind diese Drei-Sterne-Gastronomen im Glanz der Tausend-Sterne-Astronomen; da ist jene griechische *mageiriké téchne,* die keineswegs mit unserem »Magen« verwandt ist; da ist schliesslich eine »Gastronomie«, die wieder keineswegs mit unserem »Gast« und der »Gastwirtschaft« verwandt ist. Hinter dem bereits alt- und mittelhochdeutschen »Gast« steht vielmehr eine indoeuropäische Wurzel *ghosti-* in der Doppelbedeutung des mehr oder weniger willkommenen Fremden; daher rührt im Lateinischen das Wörterpaar *hostis,* »Feind«, und *hosti-potis,* zusammengezogen *hospes,* »Gast-Herr, Gastgeber«; *hospitium* heisst »Gastfreundschaft«, *hospitalis* »gastfreundlich«. Da hat uns dieser Gastro-Pfad um zwei, drei, vier Ecken unversehens an seinen Ausgangspunkt zurückgeführt, zu dem *hospitium hospitale,* dem gastlichen »Hospiz« oder dann »Spital« mit seinen vielerlei fachärztlichen Zentren und fachsprachlichen Wegweisern. Einer immerhin spricht Klartext: Er weist den Weg zum »Bistro« hinüber.

Hybrid

Die Benziner sind im Gehen, die e-Autos im Kommen, und mittlerweile pfeifen es nicht nur die Grünfinken, sondern auch die Spatzen von den Dächern: Das »Hybridauto«, das da zwischen den Zeiten vermittelt, ist ein Zwitter mit zwei Motoren, einem Verbrennungsmotor für die Landstrasse und einem Elektromotor für den Stadtverkehr. Aber deutet das Fremdwort »Hybris« nicht auf ganz und gar anderes als derart umweltfreundlich-zukunftsträchtig »Grünes«? Wer jetzt mit einem so irritierend benannten Hybridantrieb liebäugelt und genau wissen will, was er da Schönes unter die Haube bringt, muss sich zunächst einmal auf einen Schock gefasst machen.

Dr. W. Pape's zweibändiges »Handwörterbuch der griechischen Sprache« erklärt unter dem Stichwort *hybris:* »Das Hinausgehen über das rechte Mass, also übermütige Gewalttätigkeit, jede Verletzung göttlicher und menschlicher Rechte, die aus gesetzloser Übergewalt, aus übertriebenem Kraftgefühl oder aus dem Übergewichte sinnlicher Triebe, auch aus Trunkenheit entspringt ...« Wer soll solch ein Auto kaufen? Für den Prospekt taugt das nicht. Diese griechische Hybris deutet zunächst auf Selbstüberschätzung und Grenzüberschreitung, auf den Frevel an den Göttern und einer als göttlich verstandenen Natur. Sie ist im klassischen 5. Jahrhundert v. Chr. zum Leitwort eines tragischen Menschenbildes geworden; ihr Gegenwort ist das delphische *»Gnóthi seautón«, »Nosce te ipsum«,* »Erkenne dich selbst!« in dem Sinne: »Erkenne deine Grenzen!«

Der paradoxe Bedeutungs-Dreisprung von der Athener Tragödienbühne an den Genfer Autosalon ist erstmals ein halbes Jahrtausend später zu fassen. Da bemerkt der ältere Plinius in seiner enzyklopädischen »Naturgeschichte« beiläufig, »die Alten« hätten Mischlinge aus der Vereinigung eines Wildebers und eines Hausschweins *»hybridas, ceu semiferos«*, »Hybride, gleichsam Halbwilde«, genannt und diese Benennung sei dann auch auf Menschen übertragen worden. An der Stelle geht es um Abkömmlinge aus ungleichen Ehen über Standes- und Rassenschranken hinweg. Für einen zwielichtigen römischen Politiker namens Gaius Antonius, der sich innert Jahresfrist vom Catilinarier zu Ciceros Konsulatskollegen mauserte, bezeugt Plinius da noch den Spottnamen Hybrida, sozusagen »Halbblut«.

Wir wissen nicht, welche »Alten« wann und wo das griechische Wort zunächst auf irgendwelche wider die natürliche und damit wider die göttliche Ordnung erzeugten tierischen Mischlinge und weiter auf diese oder jene menschlichen »Hybriden« übertragen haben. Womöglich hat ein bodenständiges italisches Dialektwort mit einschlägiger Bedeutung und anklingender Lautgestalt dabei Anlass zu einer verwischenden Volksetymologie gegeben. Aber wie dem auch sei: Nach der einen hier zitierten Pliniusstelle nennen neuzeitliche Zoologen und Botaniker Kreuzungen verschiedener Tierrassen und Pflanzenarten allgemein »Hybriden«.

Von diesen natürlichen Mischlingen war es dann nicht mehr weit zu den modernen technischen Mischlingen wie etwa dem Hybridrechner, dieser Kreuzung zwischen einem analog und einem digital arbeitenden Computer, oder eben dem Hybridauto, dieser Kreuzung zwischen einem Benziner und einem Elektroauto. Nebenbei hat auch die Sprache ihre »Hybriden« wie hier sogleich das »Automobil«, dieses aus Griechischem und Lateinischem gekreuzte »Selbst-Bewegliche«, oder das »e-Mobil«, dieses »Bernstein-Bewegliche«. Das »Hybridauto«, wortwörtlich ein »Frevelselbst« oder dann ein »Mischselbst«, ist nun wieder ein Vollblutgrieche, mit der Sprache und der Umwelt gleicherweise im Reinen.

Jüngst hat die Marktforschung neben manchen anderen menschlichen Hybriden noch den »hybriden Konsumenten« entdeckt:

jenes unberechenbare, schwer zu umwerbende Zwitterwesen, das sich fürs Alltägliche billig im Supermarkt eindeckt und sich doch immer mal wieder beim Traiteur teure Delikatessen leistet. Alles andere als ein Frevler, im Gegenteil: – ein Epikureer!

Individuell

»Individuelle« Beratung im Private Banking: klingt das nicht noch eine Spur privater als »persönliche« Beratung? Wer ein wenig Latein im Hinterkopf hat, erkennt in dem Wort ein negierendes *in-*, den Verbstamm *divid-,* »teilen«, und die zwei Adjektiv-Ausgänge *-uus* und *-alis:* Das prägefrische »Individuum« bezeichnet ein »Unteilbares«, und die »individuelle« Beratung wäre danach eine »unteilbare«, dem Einzelnen geltende Dienstleistung. Und auch ohne alles Latein im Hinterkopf melden sich hier noch die mathematische und die militärische »Division«, eine »(Ein-) Teilung«, die im Private Banking derart individuell angepriesene »Dividende«, eine »(Aus-) Teilung«, und – um drei Ecken – noch die ausländischen »Devisen« zu Wort.

Manchmal lässt Cicero uns ganz nah beim Wörterprägen zusehen, und im Folgenden gleich zweimal, zunächst bei den *»individua,* die Demokrit Atome – *atomos,* ›Unteilbare‹ – nennt«. In seiner Schrift »Über das Wesen der Götter« giesst der Stoiker Balbus seinen köstlichen Spott auf die alten Atomisten und die Epikureer aus, die den Kosmos – mehr als zwei Jahrtausende vor Urknall und Darwin – aus blinder Naturgesetzlichkeit zu erklären suchten: »Soll ich mich hier nicht verwundern, dass es auch nur *einen* Menschen gibt, der sich das weismachen kann: Dass da irgendwelche festen und unteilbaren Körper – *individua corpora* – mit ihrer Stosskraft und Schwerkraft durcheinanderfliegen und dass diese so wundervolle, wunderschöne Welt aus dem zufälligen Aufeinanderprallen dieser Körperchen hervorgegangen sei? Wenn einer das für möglich hält, dann verstehe ich nicht, warum der nicht auch dies für möglich hält: Wenn unzählige Ausformungen unserer 21 Buchstaben, goldene oder bronzene, irgendwo zusammengeworfen würden – dass aus diesen Buchstaben, wenn die alle durcheinander auf den Boden ausgeschüttet würden, die ›Annalen‹ des Ennius hervorgehen könnten, dergestalt, dass sie darauf Vers für Vers zu lesen wären. Ich weiss nicht, ob der Zufall auch nur für einen einzigen Vers so viel zu leisten vermöchte ...«

Und gleich darauf springt da noch die »Qualität« aus Ciceros Wörterprägestock: »... Diese Leute aber behaupten steif und fest, dass die ganze Welt auf eben jene Weise aus Körperchen, die nicht mit Farbe, überhaupt nicht mit irgendeiner ›Qualität‹ – *qualitas* –, was die Griechen ›Wieheit‹ – *poiótes* – nennen, auch nicht mit Wahrnehmung ausgestattet sind, sondern blindlings und zufällig aufeinanderprallen, zu ihrer Vollendung gelangt sei. Ja sogar: dass unzählige Welten in jedem Augenblick an dem einen Ort entstehen, an einem anderen wieder vergehen. Wenn solch ein Aufeinanderprallen von Atomen – *atomorum* – eine ganze Welt hervorbringen kann, warum kann es dann nicht einmal eine Säulenhalle, warum nicht einen Tempel, warum nicht ein Haus, warum nicht einmal eine ganze Stadt hervorbringen – was doch alles viel, viel geringere Mühe machte?«

Platon hatte seine *poió-tes,* wortwörtlich »Wie-heit«, in einem späten Dialog noch als eine »aussergewöhnliche« Wortprägung eingeführt, Aristoteles hat diese Platonische »Wieheit« zu einer seiner acht Kategorien erhoben, und Cicero hat uns mit seiner geradeso künstlichen Lehnübersetzung *qualitas* die neusprachliche »Qualität« beschert und uns damit den unschönen Zungenbrecher einer »Pöotät« erspart. Dagegen haben sich Ciceros lateinische *individua* für die griechischen *átoma* über das eine oder andere kurzlebige Echo hinaus nicht durchgesetzt; für die kleinsten, »unteilbaren«

Teilchen ist die physikalische Terminologie beim griechischen Original geblieben.

Erst die frühe Neuzeit hat die erfolglose Ciceronische Prägung wieder aufgegriffen und sie auf den Menschen als »unteilbares« Individuum, sozusagen das »Atom« der Gesellschaft bezogen: auf seine »Individualität«, seinen »Individualismus« und seine – nun schon in sechs Sprach-Atome teilbare! – »In-divid-u-ali-sa-tion«. Wäre es anders gelaufen, sprächen wir heute statt von einer Atomphysik und Atomenergie, wer weiss, vielleicht von einer Individualphysik und Individualenergie, von Individualkraft, IKW's und einem Individualausstieg. Stattdessen müssen wir uns jetzt vom Werbeslogan einer »individualisierten« Mikronährstoffmischung dreimal duzen lassen: »IndiviDUell, weil DU DU bist«.

Integration

Integrieren, Sich-Integrieren, Integration: Das bedeutet heute ein »Einbeziehen« oder anders herum ein »Sich-Eingliedern« in ein grösseres Ganzes, und manch einer mag aus dieser lateinischstämmigen »In-tegration« auch wirklich eine »Ein-beziehung« oder eine »Ein-gliederung« heraushören. Ist nicht der Im-port eine »Ein-fuhr«, die Im-migration eine »Ein-wanderung«? Aber da will uns ein verführerischer Anklang auf den sprichwörtlichen Holzweg verlocken, auf dem man das geschlagene Holz zu Tal schaffte, und spätestens angesichts der verbliebenen kahlen »-tegration« fänden wir uns auf der kahlen Lichtung, auf der er sich verliert.

Tatsächlich haben wir es hier nicht mit dem einladenden *in-*, entsprechend unserem »ein-«, sondern mit dem gleichlautenden negierenden *in-*, entsprechend unserem »un-«, zu tun, und im Ganzen ist die »Integration« ein Spross des Adjektivs *integer* und damit gleichen Stammes wie das Verb *tangere,* »berühren«, mit dem Partizip *tactus.* Das Adjektiv *integer*, das ja bis heute prägefrisch bei uns im Umlauf ist, hatte im klassischen Latein ein ähnlich weites Bedeutungsspektrum wie das verneinte Partizip *intactus,* von »unberührt, unangetastet« über »unbeschädigt, unverdorben« bis »unangebrochen, vollständig«. In seiner Grabinschrift für Raffael im Pantheon hat Pietro Bembo mit den Bedeutungen gespielt: *»Vixit annos XXXVII integer integros«,* »Gelebt hat er 37 Jahre, selbst ohne Fehl, Jahre ohne Fehl«, sagt er da, um gleich darauf das Rätsel zu lösen: »An dem Tag er geboren ist – am 6. April –, an dem Tag hat er aufgehört zu sein.« Im heutigen Sprachgebrauch hat das hohe Prädikat einzig noch moralischen Bezug: Ein Politiker kann »integer« sein, sein Handy allenfalls »intakt«.

Aus diesem *integer* sind bei Cicero das Substantiv *integritas* für eine körperliche »Unversehrtheit« oder eine moralische »Integrität« und bereits zuvor in der frühen Dichtersprache das Verb *integrare,* sozusagen *»integer*-machen«, und die davon abgeleitete *integratio* hervorgegangen. Da war die Ursprungsbedeutung des alten *integer* offenbar schon aus dem Blick und aus dem Sinn geraten; denn nehmen wir das Wort beim Wort, so verhiesse ein solches *integrare* ja das Zauberkunststück, »das Berührte unberührt, das Angetastete unangetastet« zu machen. Dazu hat sich die alte Zeit nicht verstiegen; im klassischen Latein konnte dieses *integrare* in der blasseren Bedeutung des »Erneuerns« lediglich geschwundene Kräfte wiederherstellen, alte Wunden wiederaufreissen oder eine alte Feindschaft wiederaufleben lassen. In der Antike ist die *integratio* ein seltener Vogel geblieben. Ein frühes Zeugnis, in Terenzens »Andria«, erklärt: »Zornesausbrüche unter Liebenden – das ist die Erneuerung der Liebe«, *»Amantium irae amoris integratio est.«*

Die moderne gesellschaftspolitische Bedeutung des »Integrierens« oder gar eines »Sich-Integrierens« und der »Integration« ist im klassischen Latein noch nicht ausgeprägt. Hat jenes so verwirrlich doppeldeutige, so verlockend irreleitende »In-« vielleicht doch das Seine dazu beigetragen, das landläufige Wortverständnis von einem »Wiederherstellen« und »Vervollständigen« zu einem »Einbeziehen« und »Eingliedern« hin zu verschieben?

Wie dem auch sei: Die Integration des Fremden und der Fremden, der Nicht-Zugehörigen, scheint schon vom Wort her eine schwierige Sache. Aber gerade die Sprache und die Wörter geben da das beste Beispiel, und nicht zuletzt ebendiese »Integration« selbst: Sie ist in jüngster Zeit, zwei Jahrtausende und zwei Jahrhunderte nach jenem ersten Auftritt auf der römischen Komödienbühne, zu einem allgegenwärtigen Schlagwort in der politischen Arena geworden. Zumindest eine solche »Einbeziehung« ist in jüngster Zeit glücklich gelungen. Der Schreibende erinnert sich noch an die Zeit, als bei den Gemeindeversammlungen in seiner Kilchberger Wahlheimat ein roter Pfeil die Nicht-Stimmberechtigten auf die Empore verwies, und dabei stand in so schöner Alliteration, als könne es anders gar nicht sein: »Frauen und Fremde«.

Investition

Der Bauer »baut an«, der Anleger »legt an«; aber sonst ist die Geldwirtschaft der Bildersprache der Landwirtschaft verhaftet geblieben. Sie lässt das Kapital Zinsen »tragen« wie das Kornfeld seinen Weizen; sie lässt es Gewinn »abwerfen« wie den Obstbaum seine Zwetschgen; sie lässt es geradezu »arbeiten« wie die Landarbeiter auf dem Feld. Ein Bild ist neu: Seit dem späteren 19. Jahrhundert können wir ein Kapital »investieren«, ja, wirklich: »einkleiden«. Ist der schnöde Mammon denn nackt und bloss? Braucht er Kleider, seine Blösse zu bedecken? So ist es; wer immer als erster von »Investitionen« gesprochen hat, der hat in der Eins mit den vielen Nullen dahinter die schandbar nackte Zahl erkannt, die nach Einkleidung geradezu schreit.

In der »Investition« steckt die lateinische *vestis,* die das »Kleid« im weitesten Sinne bezeichnet; vorneweg geht das Kopfstück *in-,* entsprechend unserem »ein-«, hinterdrein folgt das Schwanzstück *-tio,* entsprechend unserem »-ung«: Investitionen sind »Einkleidungen«. Von dem Substantiv *vestis* kommt über die französische *veste* unsere ärmellose »Weste«; von dem Verb *vestire,* »kleiden«, der männliche »Transvestit«, der »quer hinüber Gekleidete«, der über die Geschlechtergrenze hinweg in weiblicher Kleidung auftritt, und die literarische »Travestie«, die etwa eine Tragödie vom hohen Kothurn herabholt und sie über die Gattungsgrenze hinweg in der komischen Maske spielen lässt.

Im klassischen Latein begegnet das Kompositum *investire,* »einkleiden«, eher selten, und zu Ableitungen wie einer *investitio,* einem *invest(it)or* oder einem *investimentum* ist es damals nicht gekommen. Erst in späterer christlicher Zeit hat das Wort in der kirchlichen Hierarchie Bedeutung gewonnen. Für die Einsetzung eines Bischofs in sein Amt hat das Kirchenlatein eine *installatio,* »Installation«, eigentlich die »Einstuhlung« in den Bischofsstuhl – spätlateinisch *stallus,* daher noch die »Bestallung« –, neu geprägt, und daneben ist eine gleichfalls neu geprägte *investitura,* »Investitur«, eigentlich die »Einkleidung« ins Bischofsgewand samt Ring und Hirtenstab, zum Fachwort geworden. Mit dem »Investiturstreit« zwischen den Päpsten und den Königen des hohen Mittelalters ist das Wort in die Geschichtsbücher eingegangen.

Die »Installation« hat sich neuerdings in den sanitären und jüngst noch in den künstlerischen Installationen zwei neue, weit von der klerikalen Installation und voneinander abgelegene Bedeutungsfelder erschlossen; mit der finanziellen »Investition« ist das Investieren im industriellen Zeitalter nochmals zu einer neuen, wieder weit von jener »Investitur« abgelegenen Bedeutung gekommen. Nehmen wir das Wort beim Wort, ist da von »Einkleidungsanreizen« und mangelnder »Einkleidungsbereitschaft« die Rede; da fordert einer mehr »Einkleidungen« für die Infrastruktur und die digitale Industrie 4.0; da ruft einer, kurz ehe die knappe Finanzdecke reisst, nach rettenden »Einkleidungsspritzen« für Schulen und Heime, Bildung und Pflege.

Sehen wir's recht, so sind die Millionen und Milliarden auf dem Papier nicht nur nackt und bloss, sondern auch irgendwie unwirklich. »Wirklichkeit« im eigentlichen Wortsinn, Tätigkeit und Wirksamkeit, entfalten sie ja erst eingekleidet in Strassen und Brücken, Bahnen und Busse, Elektromobile und Ladestationen, Lehrer und Lehrerinnen, Pflegerinnen und Pfleger, und wie die vielen schönen Kleider und Gesichter dieser vielen nackten, öden Nullen alle heissen. Schade, dass unser Sprachzentrum in der »Investition« vor lauter Nullen das verhüllende »Kleid« gar nicht mehr wahrnimmt: Wer merkt noch auf, wenn er von Investitionen in der Textilbranche liest – von Investments in *vestimenti,* in *vêtements?*

Kanapee

Dass Königin Berenike II. von Kyrene, die Gattin Ptolemaios' III. von Ägypten, über die ihr zu Ehren benannte Hafenstadt Berenike, heute Benghasi, und einen nach diesem Herkunftsort benannten Lack *veronice, vernice, vernis,* »Firnis«, den Gemälde-Vernissagen des 19. Jahrhunderts den Namen gegeben hat, ist schon abenteuerlich genug. Aber dass die heute auf solchen Vernissagen, sozusagen Bilder-»Firnissungen«, zum Prosecco gereichten Wildlachs- und Crevetten-, Tatar- und Roastbeef-Kanapees gleichfalls altgriechischen und gleichfalls ägyptischen Hintergrund haben, das ist eine schier noch abenteuerlichere Geschichte, und eine Stechmücke hat das Stichwort dazu gegeben.

Im zweiten Buch seines Geschichtswerks berichtet Herodot, wie die Ägypter sich vor der Mückenplage schützen: Die in den höheren Regionen bleiben auf ihren Wohntürmen von Stichen verschont, weil die Mückenschwärme wegen der starken Winde so hoch nicht hinauffliegen; die in den niederen Regionen haben keine Wohntürme und helfen sich auf andere Weise: »Jeder von ihnen besitzt ein Netz – ein *amphíblestron* –, mit dem er am Tag auf Fischfang geht, und in der Nacht gebraucht er es so: Er stellt das Netz über seinem Bett auf und dann schlüpft er am Abend hinein und schläft darunter. ... Und durch dieses Netz versuchen die Mücken gar nicht erst zu stechen.«

Das griechische Wort *amphíblestron* stellt ein »beidseits« zur Linken und zur Rechten »ausgeworfenes« Fischernetz vor Augen und an dieser Stelle zugleich ein »beidseits« über zwei oder vier Bettpfosten »ausgeworfenes« Mückennetz. Spätere Autoren bezeichnen ein solches Mückennetz nach der Stechmücke, griechisch *kónops,* als ein *konópion,* ein »Mückennetz«, und in der Folge schwärmt dieses Mückenwort munter in die Bettenwelt aus. Zunächst überträgt es sich von dem schützenden Netz auf das ganze so geschützte »Mückenbett« mit seinen hohen Pfosten an Kopf- und Fussende und dem darüber hingebreiteten Netz, und dann überträgt es sich weiter – die Mücken haben sich inzwischen irgendwohin verflogen – auf ein Prunkbett mit vier hohen Säulen zu Häupten und zu Füssen und speziell auf den prächtigen Baldachin darüber.

Von einem solchen *konópion* der besonderen Art lesen wir in der griechischen Übersetzung des Alten Testaments, der Septuaginta, in der Erzählung von Judith und Holophernes: »... und sie führten Judith in das Feldherrnzelt hinein. Und da lag Holophernes; er ruhte auf seinem Lager unter dem Baldachin – dem *konópion* –, und der war von Purpur, und Goldplättchen und Smaragd und andere kostbare Steine waren darein eingewoben.« Und als Judith ihm dann den Kopf abgeschlagen hat, »wälzte sie seinen Leib von der Bettstatt hinunter und nahm den Baldachin – das *konópion* – von den Säulen herab, und bald darauf ging sie hinaus und übergab ihrer Dienerin den Kopf des Holophernes.« Nur die engstirnigsten Etymologen oder Entomologen können bei dieser Schilderung noch an eine Stechmücke denken.

Bei den Augusteischen Dichtern wird das griechische Wort zur Chiffre für das extravagante Leben und Treiben des Staatsfeindes Antonius und der Kleopatra am ägyptischen Königshof. Horaz empört sich bei der Vorstellung, das »schändliche *conopium«*, das Pracht- und Prunkbett, Schimpf- und Schandbett dieser beiden unter römischen Feldzeichen aufgestellt zu sehen; den etwas jüngeren Properz schaudert es bei dem Gedanken, die »königliche Dirne aus dem verderbten Canopus« hätte ihr »abscheuliches *conopium«* auf dem Kapitol aufstellen können. Der Anklang des Wortes an den Namen des Sündenbabels Canopus an der Mündung des westlichsten Nilarms kam dem Dichter noch gut zupass.

Über das Französische hat das alte griechische Wort seinen Weg in die Gegenwart gefunden. Im hohen Mittelalter begegnet ein französisches *conopé* im Sinne eines die Sicht verwehrenden Bettvorhangs; in der Zeit König Ludwigs XIV. ist ein *canapé* im Sinne eines – nun unverhüllten – Ruhesofas gebräuchlich geworden und bald auch ins Deutsche übergegangen. Aber erst die jüngste Übertragung von diesen üppig gepolsterten Louis XIV-Kanapees auf die üppig mit allerlei Köstlichkeiten »gepolsterten« Traiteur-Kanapees hat das Wort weltweit geläufig werden lassen. »Pikant belegte und garnierte Weissbrothäppchen«, erklärt das Duden-Fremdwörterbuch. Pikant? Da können die griechischen *kónopes* aus dem alten Ägypten doch bloss lachen.

Kanzler

Wer einmal sein *amo, amas, amat ...,* »Ich liebe, du liebst, er liebt ...«, durch alle Tempora und Modi konjugiert hat, erkennt in einem »Minister« leicht einen »Diener« – mit Friedrich dem Grossen den *»premier serviteur«* – des Staates, und in einem Minister-»Präsidenten« den »Vorsitzenden« dieser ehrenwerten Dienerschaft. Aber beim »Kanzler« oder einer »Kanzlerin« ist selbst manch tüchtiger Lateiner, ehe er's denkt, mit seinem Schullatein am Ende, und auch ein Blick ins Wörterbuch stiftet da zunächst Verwirrung. Der gute alte »Georges« verzeichnet an der Stelle zunächst ein Substantiv *cancellarius* in der Bedeutung eines »Dieners an den Gerichtsschranken« und ein gleichlautendes Adjektiv *cancellarius* in der Bedeutung »hinter Gittern gemästet«, weiter ein Verb *cancellare,* »vergittern, mit einem Gitter überziehen«, und eine davon abgeleitete *cancellatio* für die »Landvermessung nach Quadratschuhen«. Plinius bezieht das Partizip *cancellatus,* »vergittert«, einmal auf die runzelige Haut des Elefanten. Was in aller Welt hat das mit einem Kanzler oder gar einer Kanzlerin zu tun?

Ein »Lattenzaun mit Zwischenraum, hindurchzuschau'n«, die Latten kreuzweise schräggestellt, hiess im Lateinischen im Plural *cancelli,* »die Latten, die Schranken«. Daher rührt die Bezeichnung *cancellarius,* »der an den Schranken«, für den Gerichtsdiener, der an der Abschrankung zwischen dem Gericht und dem Publikum Dienst tat, Schriftsätze entgegennahm und Urkunden aushändigte, und daher rührt dann auch das – damals noch empfehlende – Qualitätsprädikat *cancellarius* für die »hinter Gittern« in Käfighaltung gemästeten und darum besonders fetten Krammetsvögel oder Wacholderdrosseln.

In der Spätantike begegnen Träger des Titels *cancellarius* in einer entsprechenden höheren Schlüsselfunktion als Privatsekretäre hoher Magistraten, in den Senatorenrang erhoben und mit dem Ehrentitel *Vir clarissimus* ausgezeichnet. Von diesen spätantiken *cancellarii* hatte der mittelalterliche *kanzelaere* seinen Titel: Auch der vermittelte ja sozusagen »an den Schranken« zwischen Kaiser und Volk – und vermittelt unter diesem Stichwort zwischen den Gerichtsdienern des alten Rom und den Bundeskanzlern in Berlin, Wien und in Bern.

Die gleichen *cancelli* haben auch der ehrwürdigen »Kanzel« in der Kirche ihren Namen gegeben: An den hölzernen, steinernen oder schmiedeeisernen Schranken zwischen Kirchenchor und Kirchenschiff, Klerikern und Laienvolk hatte das erhöhte Lesepult seinen Platz, von dem herab der Priester seine Predigt hielt und die Gemeinde allenfalls auch einmal »abkanzeln« konnte. Von der pfarrherrlichen Warte dieser Kirchenkanzel hoch über den Kirchenbänken ist das Wort in jüngerer Zeit auf die ähnlich vorkragende Aussichtskanzel hoch über Berg und Tal – oder doch wenigstens auf das »Känzeli« am Rheinfall – übergesprungen, und von diesem luftigen Ausguck hat es sich in jüngster Zeit noch zu dem rings verglasten High-Tech-Hochsitz der Piloten-»Kanzel« hoch über der Startpiste, hoch über den Wolken aufgeschwungen.

Damit sind wir, scheint es, nun weit jenseits aller altrömischen *cancelli,* aller Gerichts- und Kirchenschranken und überhaupt aller Gitterwerke. Und doch nur solange, bis ein Pilot eben noch vor dem Start – wie kürzlich in Hongkong geschehen – da oben in seiner Piloten-Kanzel eine kabelknabbernde Maus entdeckt und dann auf der grossen Tafel in der Abflughalle ein anglolateinisches »Cancelled« aufscheint. Jenes lateinische *cancellare,* »kreuzweise vergittern«, bedeutete schon bei den römischen Juristen soviel wie »streichen, tilgen«, entsprechend dem schon fast vergessenen »Ausixen« auf der Schreibmaschine. Die Dudenredaktion hat dieses alte »Ausixen« zwar noch nicht aus dem Wortschatz gestrichen oder vielmehr gecancelt, aber das lateinische *cancellare,* neudeutsch »canceln«, vorsorglich eingedeutscht; statt *cancello, cancellas, cancellat* … konjugiert sich das jetzt: »Ich canc(e) le, du cancelst, er cancelt …«

Kartell

Bei den obligaten Papier- und Kartonsammlungen sind neben der rezyklierten Altware auch zwei rezyklierte Altwörter im Spiel. Mit dem Ende der Antike und damit der Papyruszeit hatten der ägyptische und dann lateinische *papyrus* und mit ihm die *charta,* das »Papyrusblatt«, ihren Gegenstand verloren; im hohen Mittelalter haben sie im chinesischen »Papier« und allerlei pergamentenen und papierenen »Karten« neue Verwendung gefunden. Und das zweite der so sinnvoll rezyklierten Wörter, die *charta,* hat auf dem Weg über das Italienische und Französische noch seine Vergrösserungsform *cartone, carton,* »Karton« und seine Verkleinerungsform *cartello, cartel,* »Kartell« ins Deutsche mitgebracht.

So weitgefächert die Bedeutungsvielfalt unserer »Karte« von der Landkarte zur Ansichtskarte, von der Fahrkarte zur Eintrittskarte, von der Spielkarte zur Kreditkarte, von der Visitenkarte zur Identitätskarte, so geradlinig ist ihre Lautgeschichte durch die Zeiten und die alten und neuen Sprachen. Hinter unserer »Karte« steht zunächst eine mittelhochdeutsche *karte,* dahinter eine altfranzösische *carte,* dahinter wieder eine lateinische *charta,* dahinter schliesslich ein griechischer – männlicher – *chártes,* und dahinter verliert sich die Spur des Wortes im Papyrusdickicht des unteren Niltals.

Mit dem Import fremder Waren geht vielfach der Import fremder Wörter einher. Mit unzähligen Schiffsladungen von Papyrusballen hat Ägypten jahrhundertelang zuerst die griechische und dann die römische Welt mit »Beschreibstoff«, sagen wir hier ruhig: mit »Papier« versorgt. Drei zukunftsträchtige Wörter für den Papyrus sind dabei als Beifracht mitgekommen: zuerst, nach dem Namen des phönizischen Exporthafens Byblos, der griechische *byblos* und dann *bíblos* – daher die »Bibel« und die »Bibliothek« –, etwas später der ägyptische Name der üppig wuchernden Papyrusstaude, griechisch *pápyros,* und mit ihm die wohl auch ägyptische Bezeichnung für ein einzelnes Papyrusblatt, griechisch *chártes.*

Der ältere Plinius beschreibt die Verarbeitung der Papyrusstengel zu gröberen und feineren Papyrussorten: Dünn geschnittene Streifen werden in zwei senkrecht zueinander stehenden Lagen dicht an dicht ausgelegt, aufeinandergepresst und so mit ihrem eigenen Saft verklebt; in einem zweiten Arbeitsgang werden die an der Sonne getrockneten, von Hand geglätteten einzelnen Blätter – nicht allzu viele, versteht sich – zu längeren Buchrollen aneinandergeklebt.

In der Spätantike endete die Verschiffung des Papyrus in den Westen; an seine Stelle trat zunächst das aus Tierhäuten gefertigte, nach der Bibliotheksstadt Pergamon benannte Pergament. Nach dem Ende auch der Pergamentzeit wurde das gegenstandslos gewordene Wort auf das zuerst in China aus Rinden und Lumpen gewonnene, durch die Araber nach Europa eingeführte »Papier« übertragen. Die lateinische *charta* bezeichnete in der Folge ein Stück Pergament oder dann Papier, eine Urkunde oder auch eine Spielkarte, und heute reicht das Bedeutungsspektrum des Wortes von wer-weiss-welchen handlichen Karten und Cards bis zu den Charts der Hitparaden hinüber und zur »Charta der Vereinten Nationen« hinauf.

In der früheren Neuzeit galt das *cartello, cartel,* »Kartell«, dieses ironisch verkleinerte »Kärtchen«, zunächst einer Abmachung über die Regeln eines ritterlichen Turniers oder eines kriegerischen Treffens, auch einer Herausforderung zu einem Duell; seit dem frühen 20. Jahrhundert gilt das »Kartell« einer Abmachung unter konkurrierenden Konzernen. Die Sprache kann vergrössern und verkleinern, sie kann Kleines grossreden und Grosses kleinreden. Die Plastic-Karten im Mini-Format kommen als normal grosse Identitäts- und Kredit-»Karten« daher, und da heisst ein Kartell im Maxi-Format krass untertreibend ein »Kärtchen«? So geht Sprache, sagt man heute – oder, um im Bild zu bleiben: Es geht auf keine Kuhhaut, was da auf ein Kärtchen geht.

Kater

Der Kater, von dem hier die Rede sein soll, figuriert im Wörterbuch nach einem »Erstens, siehe Katze« unter »Zweitens«, und der Grosse Duden erklärt ihn als »schlechte seelische und körperliche Verfassung nach (über)reichlichem Alkoholgenuss«. Die Kater unter »Erstens« heissen Minz oder Maunz, der unter »Zweitens« heisst Aschermittwochs- oder Neujahrsmorgen-Kater und hat eine irrlichternde Geschichte aus der Grenzregion von Herz und Hirn zu erzählen: Er ist zwei grandiosen Irrtümern des Aristoteles entsprungen und hat auch in neuerer Zeit noch zwei tolle Sprünge vollführt.

Der erste Irrtum war, dass der grosse Zoologe – anders als Platon – alle Hirnfunktionen wie Wahrnehmung, Vernunft und Sprache und mit ihnen den »Ursprung der Wärme«, den »Zunder« des Lebens, im Herzen lokalisierte und im Hirn lediglich einen ausgleichenden Kältespeicher erblickte. Und der zweite Irrtum war, dass ebendieser Aristoteles – hier wie Platon – das Blut als eine vollends verdaute, für alle Organe gleich aufbereitete »Nahrung« ansah, die sich vom Herzen aus durch die Adern im ganzen Körper verteile. Wann immer, heisst es da weiter, die Temperatur der Hirnregion unter das angemessene Mass absinke, komme es, meteorologisch gesprochen, an dieser »Kaltfront« zu Niederschlägen, zu Schnupfenflüssen:

»Denn wenn die Nahrung in warmen Dämpfen durch die Adern nach oben in die Hirnregion aufsteigt, kühlen sich ihre Rückstände unter der Einwirkung der Kälte in dieser Region ab und bilden Ausflüsse von dickerem und dünnerem Schleim. Man muss sich diesen Schleimfluss, um Kleines mit Grossem zu vergleichen, geradeso erklären wie die Entstehung des Regens. Denn auch da steigt ja zunächst Dampf von der Erde auf und wird von seiner Wärme nach oben getragen; sobald er über der Erde in kältere Luft gelangt, kondensiert er durch die Abkühlung wieder zu Wasser und fällt als Regen auf die Erde herab.«

Das griechische Fachwort für diese inwendigen Niederschläge lautet *katárrhus,* »Katarrh«. Darin hat sich das Präfix *kata-,* »hinab-, hinunter-«, das uns etwa aus der »Katastrophe«, wörtlich einer »Hinabwendung«, oder aus dem »Katalog«, dieser »Herunter-« oder dann »Aufzählung«, geläufig ist, mit dem Verbstamm *rhe-,* im Ablaut *rho-,* »fliessen«, zu einem *katárrhoos,* zusammengezogen *katárrhus,* einem »Hinabfluss«, verbunden. Der Auslaut auf ein langes *-us,* der einer lateinischen Endung so täuschend ähnlich sah, ist im Deutschen abgefallen.

In der Leipziger Mundart war aus dem fremd und fachlich ins Ohr fallenden »Katarrh« ein heimisch miauender »Kater« entsprungen, und dort in Leipzig – doch wohl in Auerbachs Keller – hat dieser Kater dann noch einen zweiten tollen Sprung getan. Da war dem Volk, das derlei Volksetymologien macht, und den Studenten vor den Zapfhähnen so »kannibalisch wohl, als wie fünfhundert Säuen«, dass sie das Wort vom Feld-Wald-und-Wiesen-Schnupfen fröhlich auf einen sozusagen »verschnupften« Katzen- oder Katerjammer am Morgen nach einem späten Zapfenstreich übertrugen. Und damit hatte dieser »Kater« nach zwei Luftsprüngen doch auch wieder mit einem Hinabfluss zu tun.

Noch ein Nachgedanke zu Aristoteles und seinem grandiosen Irrtum: Wie kann das sein, dass der grosse Denker dachte, dass er alle seine klugen Gedanken wie diese zu Herz und Hirn nicht zuoberst im Hirn, sondern zuinnerst im Herzen hatte? Wer sich darüber verwundert, mag sich fragen, woran und wie *wir* eigentlich spüren – oder zu spüren meinen –, wo da drinnen wir sehen und hören, uns freuen oder ärgern, und wo da drinnen wir unsere richtigen und irrigen Gedanken haben.

Kontakt

Elektrokardio- und -enzephalogramme zeichnen die Zicken und Zacken unserer Herz- und Hirnströme auf; doch längst zuvor hat die Sprache den Menschen von Kopf bis Fuss zum *Homo electricus* gemacht. Da herrscht in einem Raum eine knisternde Spannung und eine geladene Atmosphäre; da ist der eine ganz auf Draht und hat der andere eine lange Leitung; da reagiert einer elektrisiert, als wäre er ein aufgehängter Froschschenkel; da hat der eine gelangweilt abgeschaltet und ein anderer sich kurzerhand eingeschaltet; da sind einem alle Sicherungen durchgebrannt, und so verkehrt, wie der Mensch geschaltet ist, kommt es dann prompt zu einer Kurzschlusshandlung.

Es soll aber nicht knallen, sondern allenfalls funken: Zwischen dem Popstar und seiner Fan-Gemeinde, zwischen dem Kandidaten und seinen Wählern soll der Funke überspringen. Die gute alte Elektrisiermaschine, die uns das sprühende Bild beschert hat, machte den trennenden Abstand zwischen den Polen, die knisternde Spannung zwischen Positiv und Negativ noch so recht augen- und ohrenfällig. Just in diesem Zwischenraum, in dem »es funkt«, hat der zwischenmenschliche »Kontakt« seinen Ort: Er überbrückt den Graben zwischen Podium und Publikum, Sänger, Redner, Fans und Hörern; er lässt den Strom der Gedanken und Gefühle widerstandslos hinüber und herüber fliessen.

Dahinter steht der lateinische *contactus* mit dem lang auslautenden Genitiv *contactus*, »Berührung«, und dahinter wieder das Verb *tangere*, »berühren«, und sein Kompositum *contingere*, »berühren, betreffen«. Schon in klassischer Zeit konnte dieser *contactus* speziell die Berührung bezeichnen, in der ein Kranker einen Gesunden mit seiner Krankheit ansteckt, ihm sozusagen seine Krankheit »ansteckt«. Im 2. Punischen Krieg zwischen Rom und Karthago bedrängte eine Epidemie in Syrakus gleicherweise Belagerer und Belagerte. »Viele erkrankten und starben«, berichtet Livius, »und die Pflege selbst und der Kontakt – *contactus* – mit den Erkrankten verbreitete die Krankheitsfälle weiter«.

Mit dem Bezug auf eine solche Ansteckung ist der »Kontakt« – im Verein mit seiner Schwester, der *contagio,* »Kontagion« – in den Fachwortschatz der Medizin eingegangen. Zu diesem üblen ansteckenden Kontakt hat sich in neuerer Zeit noch der gute elektrische Kontakt und in seinem Gefolge zu guter Letzt der persönliche Kontakt gesellt. Hier meldet sich noch eine weitere Schwester zu Wort: die wiederum üble *conta(g)minatio,* »Kontamination«, die mit dem verstummten Stammauslaut »g« ihre Familienähnlichkeit verloren hat, in der Antike speziell eine kultische oder sittliche Befleckung bezeichnete und heute für eine chemische Verunreinigung oder radioaktive Verseuchung steht.

Zumal unter dem Zeichen des persönlichen »Kontakts« hat das Wort selbst eine spaltenfüllende wortschöpferische Kontaktfreudigkeit entwickelt. Vom hoffnungsvollen Anfang mit »Kontaktanzeige, Kontaktaufnahme, Kontaktgespräch« bis hin zu »Kontaktschwäche, Kontaktstörung, Kontaktunfähigkeit« erzählt das Alphabet des »Grossen Duden« eine lexikalische Kontaktgeschichte mit Unhappy End. Mittendrin findet sich das Unwort »kontaktieren«. »Ich kontaktiere Sie«: Das heisst ganz buchstäblich, ganz elektrisch: »Ich schalte Sie dann mal zu!« Mit dem Wort wird der so Angesprochene per Knopfdruck oder Mausklick zur kontaktierten Kontaktperson.

Kontaktaufbau, Kontaktpflege: das bedeutet Kontakte knüpfen, viele Kontakte knüpfen, am besten gleich ein ganzes Netz von Kontakten knüpfen. Kontakte »knüpfen«? Ein »Netz« von Kontakten? Da hat die Sprache an ihrem grossen Bilder-Mischpult selbst einen nostalgischen elektro-textilen Kontakt geknüpft, als hätte sie's hier nicht mit Drähten und Schaltern, sondern mit Fäden und Knoten zu tun. Offenbar wollen wir Menschen uns untereinander doch lieber verknüpfen und vernetzen als verdrahten und verschalten. Aber so oder so »funken« die persönlichen Kontakte heute ja zuvörderst über die elektrischen Kontakte, heisst Kontakt-Halten ja ohnehin eher Handy-Halten als Händeschütteln oder gar Händchenhalten.

Laune

Mit seinem Umlauf in 29 1/2 Tagen hat der Mond uns die schöne Zwölfzahl der Monate beschert – die übrigen 11 1/4 Tage im Jahr haben Kalendergeschichte geschrieben –, und in den 24 Stunden, den 60 Minuten und Sekunden und den 360 Grad im Kreis hat diese runde Zwölf sich bis heute gegen die Zehnzahl unserer zweimal fünf Finger behauptet. Aber zugleich ist der Mond mit seinem steten Wechsel von Vollmond, Halbmond und Neumond seit alters doch auch wieder zum sprichwörtlichen Exempel der Unstetheit in dem sonst so ewiggleich kreisenden Himmelsspektakel geworden.

In seinem »Ikaromenippos«, einer ersten Mond-, ja Raumfahrtutopie aus dem 2. Jahrhundert n. Chr., lässt der Satiriker Lukian die Mondgöttin sich in heller Empörung darüber und über die ganze zeitgenössische Philosophenzunft beklagen. Da trägt sie dem Mondfahrer Menippos, als der auf seinem Flug zum Olymp mit einem Geierflügel am linken, einem Adlerflügel am rechten Arm kurz bei ihr zwischenlandet, diese Botschaft an den Göttervater auf:

»Ich verliere alle Geduld, mich länger von den Philosophen so misshandeln zu lassen. Man dächte, sie hätten nichts anderes zu tun, als sich um meine Sachen zu bekümmern und zu fragen, wer ich sei und wie gross, lang und breit ich sei und warum ich zu gewissen Zeiten wie in halber Teller aussähe oder Hörner bekäme. Die einen sagen, ich würde bewohnt, andere, ich hinge wie ein Spiegel über das Meer herab. Kurz: jeder sagt von mir, was ihm einfällt. Ja, was das Schlimmste ist: Sie bringen sogar unter die Leute, mein Licht sei nicht echt, und ich stähle es der Sonne! Als ob es an den Beschimpfungen nicht schon genug wäre, die sie der Sonne selbst angetan haben, da sie behaupten, dass sie ein Stein und eine durchgeglühte Masse sei ...«

Bei den Griechen hiess die Mondgöttin Selene, die »Glänzende«, bei den Römern Luna, die »Leuchtende«, und ein alter Römer mag aus dem Namen noch ein lateinisches *lucere,* stammverwandt mit unserem »leuchten«, herausgehört haben. Im hohen Mittelalter ist der Mondwechsel in einem der »Lieder von Benediktbeuern« zum Bild des Glückswechsels geworden, und jüngst hat Carl Orff just diese lateinischen Verse zum Auftakt seiner »Carmina Burana« und damit zu geflügelten Versen gemacht: *»O Fortuna, / velut Luna / statu variabilis, / semper crescis / aut decrescis ...«,* »O Fortuna, so wie Luna in deinem Stand veränderlich, immer wächst du oder schwindest ...«

Wie der mittelalterliche Dichter der Mondgöttin einen Reim, so hat um die gleiche Zeit unsere Sprache dieser *Luna* ein Wort abgewonnen: die mittelhochdeutsche *lune,* die zunächst noch den Mondwechsel, dann einen Umschlag des Glücks oder einen Umschwung der Stimmung bezeichnete. Seither haben nun auch wir Irdischen unsere vielerlei mit oder jedenfalls unter dem Mond wechselnden »Launen«, Voll-, Halb- oder Neu-»Monde«; seither sprechen wir von wohl- oder übel-»gelaunten«, -»gemondeten« Menschen, von »launischen«, ihren jeweiligen besseren und schlechteren Launen nachgebenden Typen und seit Neuerem auch von einer »launigen«, sozusagen ein fröhliches Mondgesicht spiegelnden Tischrede.

Unterdessen hat die Mondgöttin jenem frühen Besucher mit ihrer Klage über den lästerlichen Anaxagoras und seinesgleichen weiter in den Ohren gelegen: »... so dass ich – bei der alten Nacht! – schon oft auf den Gedanken gekommen bin, so weit als möglich von hier wegzuziehen, um nur ihren naseweisen Zudringlichkeiten zu entgehen ...« Jüngst hat diese Luna ihren Unmut über die neue Mondlandung vom 20. Juli 1969 nochmals kundgetan, mit einer veritablen Mondfinsternis pünktlichst zum 50. Jahrestag des Raketenstarts am 16. Juli 2019, und die Ankündigung weiterer bemannter Mondflüge dürfte ihre üble Laune nicht verbessert haben. Lunas »Laune«? Wie wäre es um die bestellt, wenn die Göttin erst noch erführe, dass ihr Name – der sie doch eben als die »Leuchtende« rühmt! –, um jener stetig-unstet wechselnden Lichtverhältnisse willen zur Bezeichnung unserer kommenden und gehenden menschlichen Launen herhalten muss?

Legende

»Gross, grösser, am grössten« – so steigert die Grammatik ihre Adjektive aus der blossen Grösse zum Komparativ und zum Superlativ hinauf. »Star, Legende, Ikone« – so steigern die Sport- und Pop-Fans ihre Lieblinge aus dem Englischen ins Lateinische und Griechische empor. Oder heisst die Reihe »Star, Ikone, Legende«? Schon die Entrückung aus dem irdischen Rampenlicht in das himmlische Sternenlicht ist ja nichts Geringes, und aus der Froschperspektive eines Feld-Wald-und-Wiesen-Fans ist erst recht schwer abzuschätzen, ob da eine Pop-»Legende« oder eine Pop-»Ikone« in der höheren Sphäre kreist.

Wie auch immer: auf beide fällt der späte Abglanz eines christlichen Heiligenscheins. Im 13. Jahrhundert hat der Genueser Dominikaner und Erzbischof Jacobus de Voragine die Lebens- und Leidensgeschichten zahlreicher Heiliger aus vielerlei Quellen in einem Band gesammelt und – lateinisch, versteht sich – neu erzählt. Die vielgelesene Sammlung wurde bald verehrungsvoll als *»Legenda aurea«*, zu deutsch etwa: »Goldene Lesungen«, bezeichnet, und mit einem kleinen Schlenker hat der strahlende Titel dann auch den einzelnen Heiligengeschichten den Namen einer »Legende« gegeben.

Legenda: zu dem lateinischen Wort schalten wir hier zweimal 99 Sekunden Formenlehre ein. Die ersten gelten dem Kennzeichen *-nd-* zwischen dem Verbstamm *leg-*, »lesen«, und der Neutrum-Plural-Endung *-a*. Wer je in der Schule sein *amo, amas, amat* ... durch alle Tempora und Modi durchkonjugiert hat, erinnert sich an diese sogenannten Gerundiv-Formen, die besagen, dass etwas mit etwas gemacht werden soll, dass zum Beispiel die Agenda – wieder solch ein Neutrum Plural – erledigt, ein Memorandum beherzigt oder die Traktanden behandelt werden sollen.

Entsprechend verweist der Buchtitel »*Legenda aurea*« mahnend auf Geschichten, die »gelesen, verlesen werden sollen«.

Die zweiten 99 Sekunden gelten der Endung *-a* und damit dem Geschlecht und dem Numerus dieser *legenda*. Der Zufall will es, dass die Endung *-a* für das Neutrum Plural hier lautgleich für ein Femininum Singular stehen kann. Da lag es nahe, den Titel *»Legenda aurea«* von den vielen »zu lesenden goldenen« Wundertaten und Martyrien auf die eine ganze Legendensammlung und weiter auf eine einzelne solche – nun feminine – »Legende« zu übertragen. Eine entsprechende Übertragung hat aus den vielerlei *agenda,* den vielerlei »zu erledigenden« Aufgaben, die eine – dann feminine – »Agenda« im Sinne eines Terminkalenders oder eines Pflichtenkatalogs werden lassen.

Seit dem 16. Jahrhundert begegnet die »Legende« im Deutschen sowohl in ihrer ursprünglichen Bedeutung einer verehrungswürdigen Heiligengeschichte als auch im abschätzigen Sinne einer unwahrscheinlichen, unglaubwürdigen »legendären« Erzählung. »Das gehört«, sagen wir, »ins Reich der Legende ...« Seither hat das Wort dann noch für die numismatische Münz-»Legende«, die journalistische Bild-»Legende« und schliesslich noch für die erfundene Lebens-»Legende« eines Geheimdienstagenten herhalten müssen – wobei die nun möglichst wahrscheinlich und glaubwürdig, eben gerade nicht legendär klingen soll.

Und die andere Steigerungsform, die »Ikone«? Die führt uns von den »goldenen« Heiligenlegenden zu den auf Goldgrund gemalten Heiligenbildern hinüber, zu dem griechischen Wort *eikón,* »Bild«, in der besonderen Bedeutung einer nach strengen Mustern auf Holz gemalten »Ikone«, wie sie seit der Spätantike in den orthodoxen Kirchen verehrt wurden. Opern- und Schauspiel-»Diven«, vergöttlichte Primadonnen und Primaballerinen, hatte es schon früher gegeben. Zu Sport-»Legenden« und Pop-»Ikonen« von Fleisch und Blut ist es erst in jüngster Zeit gekommen. Da spiegelt sich ein Goldglanz im anderen: der viele Jahrhunderte alte Heiligenschein, der in diesen Wörtern fortleuchtet, und der jeweils aktuelle, frischpolierte Glanz der Cups und Pokale, der Oskars und Bambis.

Maschine

»Das überhandnehmende Maschinenwesen quält und ängstigt mich: Es wälzt sich heran wie ein Gewitter, langsam, langsam; aber es hat seine Richtung genommen, es wird kommen und treffen.« Das weitsichtige Wort, das Goethe in »Wilhelm Meisters Wanderjahren« einer um Handel und Wandel besorgten Frau in den Mund legt, gilt mechanischen Webmaschinen. Mittlerweile erstreckt sich dieser »überhandnehmende« Maschinenpark von den fauchenden und stampfenden Dampfmaschinen bis zu den jüngst nachgekommenen lautlos im Giga-Hertz-Takt arbeitenden – »arbeitenden«? – Suchmaschinen, deren Name irritiert: Sollte eine richtige »Maschine« nicht irgendwie klappern und rattern?

Die Spur der »Maschine« führt leicht erkennbar über eine französische *machine und* eine italienische *macchina* zu einer lateinischen *machina* und einer griechischen *mechané* zurück, die mit der »Mechanik« ja auch geradewegs in unseren Euro-Wortschatz eingeflossen ist. Bei Homer ist das griechische Wort durch das Neutrum *méchos,* das Adjektiv *polyméchanos* und das Verb *mechanásthai* vertreten. Kein *méchos,* kein »guter Rat«, keine Idee sei zu finden, die Mauern von Troja zu brechen, klagt der alte Nestor in der Heeresversammlung, und seine Klage lässt den Leser an den dann doch mauerbrechenden Lug und Trug des *polyméchanos,* des »listenreichen« Odysseus mit dem Trojanischen Pferd vorausdenken.

Zu dem Verb *mechanásthai* vermerkt ein altes Homerwörterbuch: »ersinnen, ausdenken, vorhaben, ausüben, meist in schlimmer Bedeutung«. In der Tat: Das Wort hat vielfach freche »Übergriffe«, griechisch *hybris,* und üble »Freveltaten« im Gefolge, und in der »Odyssee« zielt es immer wieder auf die Freier der Penelope und ihre unverschämte Hausbesetzung. Die *mechané* selbst hat ihren ersten Auftritt bei Hesiod, im Steckbrief der Kyklopen: Stärke, Gewalttat und *mechanaí,* »Hinterlist«, seien in allem Tun dieser »kreisäugigen« Riesenburschen. In der Folge reicht das Bedeutungsspektrum des Wortes von einem ingeniösen Einfall und einem raffinierten Kunstgriff bis zu bedenklichen Winkelzügen und Ränkespielen hinüber. Die *»mechanaí* des Sisyphos«, dieses neunmalschlauen Trickbetrügers, sind sprichwörtlich geworden.

Vom 5. Jahrhundert v. Chr. an gewinnt das zwielichtig schillernde Wort zunehmend technische Bedeutung. Aischylos besingt in seinen »Persern« die spektakuläre Schiffsbrücke, auf der Xerxes sein Riesenheer über den Hellespont führte, als »völker-übersetzende *mechané«;* Herodot berichtet von den *mechanaí,* den Hebe-»Maschinen«, mit denen die alten Ägypter beim Bau der Cheopspyramide die Steinblöcke jeweils von einer Stufe zur nächsthöheren beförderten. Von der »tragischen *mechané«,* dem Bühnenkran des Athener Dionysostheaters, hat sich der überraschend auftretende – oder vielmehr eingeschwenkte – *Deus ex machina* in den Zitatenhimmel aufgeschwungen.

In ägyptischen Papyri bezeichnet die *mechané* vielfach eine Bewässerungsanlage, bei der ein listigerweise in den Fluss gestelltes Schaufelrad das Wasser emporhebt und eine geradeso listigerweise daneben aufgestellte Rinne es dann seitab auf die Felder leitet. Da fliesst dieses Wasser, durchaus im Einklang mit dem natürlichen Lauf der Dinge, aber hier doch dem natürlichen Lauf des Flusses entzogen, für einmal statt weiter stromabwärts zunächst noch ein Stück weit querfeldein, und da wird klar, wer in diesem ingeniösen Zusammenspiel von Technik, griechisch *téchne,* und

Natur, griechisch *physis,* die odysseushaft »listenreiche« und wer hier die Überlistete ist.

Mit der griechischen Maschinenbaukunst ist die *mechané* zu den Römern gekommen, und wie die griechische *mechané* gilt die lateinische *machina* vor allem den Maschinen von der kolossalen Art: den schweren Kränen mit ihren übermannshohen Treträdern und Flaschenzügen und überhaupt der Baumaschinerie, den schweren Steinschleudern, den mauerbrechenden »Widdern« und überhaupt der Kriegsmaschinerie. Mit feinem Bezug lässt Vergil in der »Aeneis« den Priester Laokoon das Trojanische Pferd eine *machina* nennen. »Glaubt ihr«, ruft Laokoon an der Stelle, »irgendwelche Geschenke der Danaer könnten frei sein von List? So kennt ihr Odysseus?«

Medizin

Hunderte medizinische Fachwörter wie »Praxis« und »Klinik«, »Diagnose« und »Therapie«, »Epidemie« und »Pandemie« bezeugen es: Von ihrem Begründer Hippokrates im klassischen 5. Jahrhundert v. Chr. bis zu ihrem Vollender Galen, dem letzten bedeutenden Arzt der römischen Kaiserzeit, ist die Medizin der Antike eine durch und durch griechische Wissenschaft gewesen. Bis heute wäre einem angehenden Mediziner mit einem Schulwortschatz Griechisch besser gedient als mit allem Latein; jedenfalls wüsste er, wo bei einem »Otorhinolaryngologen«, einem »Hals-Nasen-Ohren-Arzt«, die Ohren aufhören und Nase und Rachen anfangen. Auch in jedem »Arzt« steckt ja ein griechischer *iatrós* und sogar ein *arch-iatrós,* ein »Chef-Arzt« – wenn auch der Chef darin besser vertreten ist als der Arzt und das *ia-,* das eigentliche »Heilen«, daraus gar nicht mehr herausschaut.

Umso merkwürdiger ist es, dass diese Wissenschaft ihren griechischen Namen *iatriké (téchne),* »ärztliche (Kunst)«, in Rom gegen eine lateinische *medicina (ars),* »heilende (Kunst)«, ausgetauscht hat. Als der alte Cato seinen Sohn warnte, die Griechen hätten sich verschworen, die Römer allesamt mit der Terrorwaffe ihrer *medicina* aus der Welt zu schaffen, meinte das Wort wohl noch die Verschreibung zweckdienlicher Pillen und Tinkturen; aber spätestens seit Cicero ist die *medicina* in Rom und damit überhaupt im lateinischen Westen zur geläufigen Bezeichnung der Medizin geworden. Eine der griechischen *iatriké* folgende moderne »Iatrik« samt allerlei »Iatrischem« wäre ja auch allzu hart ins Ohr gefallen; für die modernen Retortenwörter »Psychiatrie«, »Pädiatrie« und »Geriatrie« hat man auf die griechische Ableitung *iatreía* für die »ärztliche Behandlung« zurückgegriffen.

Hinter dem lateinischen *medicus,* dem »Arzt«, und seiner *medicina (ars),* seiner »ärztlichen (Kunst)«, steht das Verb *mederi,* »(eine Krankheit) heilen, (einem Übel) abhelfen«, und im nächsten Umkreis findet sich da noch das mit dem Einschub *-ita-* gebildete *meditari* und die davon wieder abgeleitete *meditatio,* ein wiederholtes, konzentriertes »Sich-Bedenken, Sich-Besinnen«. Die Antike kannte noch kein Rednerpult und keinen Teleprompter; da bezog sich dieses *meditari* zuvörderst auf die geistige Einübung des Redners, der sich seine wörtlich ausgearbeitete, frei vorzutragende Rede vor dem Auftritt nochmals vergegenwärtigte, sie sozusagen auf dem inneren Bildschirm von Abschnitt zu Abschnitt nochmals vor sich abrollen liess. Seither ist das Wort aus der Werkstatt der Rhetorik in das stille Kämmerlein der »Meditation«, wie wir sie verstehen, übergewechselt.

Deutet die Sprachverwandtschaft der »Medizin« mit der »Meditation« dann wohl auf heilsame Effekte eines solchen konzentrierten »Sich-Besinnens«? Durchaus – aber nicht in der Weise, dass die Meditation ihren Namen etwa einer psychosomatischen, »medizinalen« Heilwirkung verdankte. Beziehen wir das Griechische und zumal das stammverwandte Homerische Verb *médesthai* mit der Grundbedeutung »an etwas denken, für etwas sorgen« in diese Wortgeschichte ein, so klären sich die Bezüge, und zugleich fällt von daher ein warmes Licht auf das Verhältnis des Arztes zu seinem Patienten: Es ist offenbar umgekehrt die Medizin, die ihren Namen einem solchen »Sich-Besinnen« verdankt – in der Weise, dass der Mediziner sich seinem Patienten sozusagen »meditativ« zuwendet, dass er sein Leiden »bedenkt« und derart teilnehmend für ihn sorgt.

Menu

»Am nächsten Tag hatten wir nachmittags um 6 Uhr ein Dinner für 22 Personen. Das Menu: Ochsenschwanzsuppe; Steinbutt; Heidschnuckenrücken; Hummer; Poularden; Stangenspargel; Eis; Baumkuchen; Käse; Früchte; Konfekt. Um 2 Uhr trennte sich die Gesellschaft.« So berichtet das grossmütterliche Tagebuch von der Silberhochzeitsfeier – notabene im eigenen Haus – in Husum vor gut hundert Jahren. »Dinner« und »Menu«: Die Sprache der feinen Lebensart ist französisch und damit letztlich lateinisch: Im »Déjeuner« und dann dem »Diner«, englisch »Dinner«, steckt ein lateinisches *ieiunium,* »Fasten«, und ein spätes *disieiunare,* »das Fasten brechen«; hinter dem »Menu« steht ein von dem Komparativ *minor, minus,* »kleiner«, abgeleitetes *minuere,* »verkleinern«, und sein Partizip *minutus,* »verkleinert«.

Ein Menu mit elf Gängen – und das heisst ein »Verkleinertes«? Nicht so geradewegs; das Wort macht einen Schlenker vom Verkleinerten zu den kleinen Teilen. In seiner Lehrschrift »Über den Redner« tadelt Cicero mit diesem *minutus* einen sozusagen »kleinteiligen«, nicht »flüssig« in einem fortgesetzten Redefluss dahinströmenden, sondern »trocken« von einem Satzglied zum anderen dahinholpernden Redestil. Im 17. Jahrhundert hatte das lateinische Wort, im Französischen *menu,* dem in vielen kleinen Schritten getanzten Menuett den Namen gegeben; seit dem 18. Jahrhundert bezeichnet es das in vielen kleinen Gängen servierte Menu. Über die Auswahl von Vorspeisen, Hauptgerichten und Desserts auf der Speisekarte hat dieses »Menu« jüngst noch einen tollen Sprung vom Esstisch auf den Bildschirm vollführt; da geht es nicht mehr um die kunstgerechte Folge und die Auswahl aller möglichen Gerichte, sondern um die wieder eher trockene Auswahl aller möglichen Befehle wie Copy und Paste und wie sie alle heissen.

Ein Rindsplätzli *à la minute* schlägt die Brücke zu einer nahen Stammverwandten: Die Minute ist der auf ein Sechzigstel »verkleinerte Teil«, die *minuta pars,* der Stunde, die Sekunde dann ihr »zweiter verkleinerter Teil«, die *secunda minuta pars.* Aber lassen wir den Minutenzeiger den Köchen am Herd und wünschen wir den Gästen bei Tisch hier lieber mit einem der quicklebendigsten lateinischen Wörter noch einen »Guten Appetit«!

An der Tafel des Lucullus hat man sich noch keinen »Guten Appetit« gewünscht. Zu der Zeit hatte Cicero dem griechischen Fachwort *hormé,* allgemein »Andrang, Angriff«, im besonderen Sinne eines natürlichen Begehrens und Verlangens eben erst die von dem Verb *appetere,* »auf etwas zugreifen, auf etwas losgehen«, abgeleitete Lehnübersetzung *appetitus* zur Seite gestellt. Ein natürlicher *appetitus,* heisst es da einmal, lasse Mensch und Tier auf alles zugehen, was das Leben bewahre, und vor allem zurückscheuen, was es gefährde. Erst im Mittelalter hat sich die Bedeutung des Wortes von den vielerlei solchen natürlichen »Appetiten« auf den einen verengt, der uns beim Essen zulangen lässt, und auch hier führt der Weg schliesslich über das Französische: *Bon appétit!*

Bei jener grosselterlichen Husumer Silberhochzeit ist es drei Tage später noch einmal zu einem dergestalt »kleinteiligen« Zugreifen gekommen: »Weil wir gern im Hause feiern wollten, mussten wir, da der Platz knapp war, gleich nochmals ein Dinner für 22 Personen geben. Menu war diesmal folgendes: Königinsuppe; Rheinlachs; Rehbraten; Gänseleberpastete; Poularden; Stangenspargel; Eis; Baumkuchen; Käse; Früchte; Konfekt. Nach 2 Uhr nachts trennte sich die Gesellschaft. Dr. Wegner brachte seine Frau ins Hotel und kam dann noch auf ein Stündchen zurück ... «

Modern

Zwischen einem »modernen« und einem »modischen« Kleiderschnitt liegt, was die Sache betrifft, vielleicht nur ein Modefrühling, aber was die Wortgeschwister angeht, ein gutes Jahrtausend und ein Sprung querfeldein. Vater des »Modernen« ist der lateinische *modus* mit der Doppelbedeutung »Mass« und »Art und Weise«, Mutter des »Modischen« – auch die Sprache kennt den Wechsel der Geschlechter – die französische *mode* in der engeren Bedeutung »Lebensart, Kleidertracht«. Daraus war im 17. Jahrhundert über ein feines *à la mode* zunächst ein eingedeutschtes »alamodisch« und darauf ein mundfaul abgekürztes »modisch« hervorgegangen.

Als das »(Ala-) Modische« damals modisch wurde, war das »Moderne« längst eine Antiquität. Seine Geschichte beginnt im klassischen Latein mit einem vergleichenden, für sich allein noch stummen *modo* und einer begleitenden sprechenden Geste, der Andeutung eines minimalen Masses zwischen Daumen und Zeigefinger: »nur um dieses Mini-Mass (grösser oder kleiner, früher oder später)«. Wir können uns dieses adverbielle *modo* mit einem

»nur insoweit, nur insofern; nur kurz zuvor« verdolmetschen. Wer einmal Latein gelernt hat, erinnert sich an den rätselhaften Eintrag im Schulvokabular: »*modo,* Adverb: 1. nur, 2. eben gerade«.

Aus diesem Mini-Mass *modo* haben spätantike Literaten das zeitgenössische »Moderne« im Gegensatz zum überlieferten »Alten« abgeleitet. Die sinnverwandten Adverbien *hodie* und *heri,* »heute« und »gestern«, boten das Muster oder, um beim Wort zu bleiben, das Modell dazu: Wie diese beiden Adverbien einst die klassisch-lateinischen Adjektive *hodiernus* und *hesternus,* »heutig« und »gestrig«, gebildet hatten, so bildete dieses *modo,* »eben gerade«, nun ein topmodernes spätlateinisches *modernus,* sozusagen »eben-geradig«. Einem Lateiner kommen hier noch die wieder sinnverwandten Ableitungen *aeternus,* »ewig«, und *sempiternus,* »immerwährend«, in den Sinn.

Die ersten »modernen« Autoren begegnen, zunächst noch vereinzelt, in der spätesten Spätantike; das Wort ist sozusagen der Dernier cri der antiken grammatischen Kunst. Da stellt eine unter dem Namen des letzten lateinischen Grammatikers Priscianus überlieferte Schrift über Akzente und Betonung die »Modernen« und die »Ältesten« einander gegenüber; da erklärt der greise Cassiodor, der lange am Hof Theoderichs in Ravenna gewirkt hatte, in einer orthographischen Schrift, die »Alten« hätten die Schreibung *quom,* die »Modernen« die Schreibung *cum* für richtiger erachtet. Gleich darauf ist da noch die Rede von einer *moderna consuetudo,* einer »modernen Gewohnheit (des Schreibens)«, und dazwischen findet sich ein Satz, der trefflich zum Motto unseres »Duden« taugte: »Das artikulierte Wort erhebt uns über das Vieh, die Kunstregel des Schreibens aber über die Hohlköpfe und Wirrköpfe.«

Im 14. Jahrhundert ist das lateinische *modernus* im Französischen, im frühen 18. Jahrhundert das französische *moderne* im Deutschen heimisch geworden, und seit dem 19. Jahrhundert können wir gesamthaft wie von »der Antike«, so von »der Moderne« sprechen, seit neuestem sogar von einer jüngsten »Postmoderne«. Von einem modernen Abenteuerspielplatz bis zu einem modernen Zoo ist das Alphabet des »Modernen« reich besetzt, und auf halber Strecke, in der »modernen Mode«, feiern die Wortgeschwister ein augenzwinkerndes Zusammentreffen. Moderne Kunst, moderne Musik, moderne Ernährung, moderne Erziehung: all das geht uns locker von den Lippen. Einzig die Verknüpfung »moderne Politik« mutet merkwürdig ungewohnt an – ist da etwa alles beim Alten geblieben?

Münze

Eine Münze, sagt man, solle man dreimal umdrehen, ehe man sie ausgibt. Da kann man bedenken, ob einem das Weggli den Fünfräppler oder umgekehrt der Fünfer das Weggli wert ist. Und dreht man das Wort dreimal um, kann man verfolgen, wie hinter der »Münze« eine lateinische *moneta* hervorscheint und aus dem Münzbild statt der Helvetia eine Juno Moneta hervorschaut. Die »Münze« versetzt uns auf das römische Kapitol, auf seine höhere, nördliche Kuppe, wo heute zu Häupten der im Jahr 1348 errichteten 124-stufigen Treppe die schroffe Front der spätantiken Basilika S. Maria in Aracoeli aufragt. Dort auf dem höchsten und steilsten der sieben Hügel hatte die Stadtgöttin Juno seit alters einen heiligen Bezirk, und darin hatte die römische Münzprägestätte ihren sicheren Ort.

Auf dieser »Burg« hoch über Rom wurde Juno unter dem Kultnamen *Moneta,* die »Mahnerin«, verehrt. Wann, wo und wozu sie da einmal gemahnt hatte, war schon in klassischer Zeit ins Ungewisse geraten. Livius berichtet, der Dictator Lucius Furius Camillus habe 345 v. Chr. in einem Kampf gegen die Aurunker die Hilfe der Götter angerufen und »der Juno Moneta« einen Tempel gelobt; im Jahr nach seinem Sieg sei dieser auf der »Burg« errichtet und »der Moneta« geweiht worden. Schon zuvor hatte Cicero eine »von vielen überlieferte« andere Version weiter überliefert: Nach einem Erdbeben habe eine Stimme »vom Tempel der Juno herab« aufgerufen, die Bürgerschaft durch das Opfer einer trächtigen Sau zu entsühnen; darum habe man Juno die »Mahnerin« genannt.

Aurunkerkrieg oder Erdbebennot? Oder hatte sich diese Juno Moneta ihren Ehrentitel einer »Mahnerin« vielleicht schon bei dem Galliereinfall von 387 v. Chr. mit dem rettenden Geschnatter ihrer Kapitolinischen Gänse erworben? Woher dieser Name ursprünglich auch rührte, die Übertragung des Wortes von der Göttin auf die Münzprägestätte unter ihrem Schutz liegt offen zutage. Livius nennt den »Tempel« und die »Werkstatt der Moneta«, *»aedes et officina Monetae«,* einmal in einem Zuge nebeneinander; Spätere sprechen von dieser römischen Prägestätte oder einer anderen geradezu als der *Moneta* oder einer *moneta*, und Seneca spricht einmal bildlich mit einem absichernden »um es so zu sagen« von seiner – philosophischen – *moneta,* seiner geistigen »Münzstätte«. Von den Prägestöcken ist das Wort dann munter auf die vielerlei verschiedenen darauf geprägten Gold-, Silber- und Bronzemünzen übergesprungen.

Seither ist diese Münzprägestätte für römische Denare zu einer Wortprägestätte für jegliches Geld geworden. Im Italienischen ist es bei der *moneta* geblieben, so auch im Studenten-Slang bei den »Moneten«; bei uns ist daraus über eine spätlateinische *munita* und eine althochdeutsche *munizza* die zu gar nichts mehr mahnende, scheinbar germanisch geprägte »Münze« geworden. Das englische *mint* ist wie unsere »Münze« dem klingenden Münzgeld verbunden geblieben; die französische *monnaie* und das englische *money* sind mit der Zeit gegangen und lassen nun auch die knisternden Scheine als *monnaie* und *money* gelten. Zu guter Letzt hat diese Juno Moneta nun noch im International Monetary Fund unter den hohen Münzmeistern der Vereinten Nationen Einsitz genommen. Wozu will sie da wohl mahnen?

Nonproliferation

Bei der Nonproliferation geht es zwar ums »Nichtweiterliefern« von nuklearem Know-how und strahlender Ware, aber der Anklang der Wörter führt in die Irre. Die »Proliferation« und das »Liefern« sind keineswegs Sprachverwandte, wenn auch immerhin Landsleute aus dem alten Latium: Hinter dem »Liefern« steht das Verb *liberare,* »befreien«, das mit seiner jüngeren Bedeutung »freigeben, ausliefern« auch im französischen *livrer* und im englischen *deliver* fortlebt. Mit seinem langen »ie« und zahlreichen Komposita von »abliefern« bis »zuliefern« ist das Wort im Deutschen vollkommen heimisch geworden; einzig im »Lieferanten« hat es sich noch einmal ein original lateinisches Schwanzstück zugelegt: das »-nt« für den, der's tut.

Dagegen gibt sich die »Proliferation« auf den ersten Blick als lateinischstämmig zu erkennen. Wer allerdings im achtpfündigen »Oxford Latin Dictionary« eine *proliferatio* aufsuchen wollte, stiesse dort auf eine Fehlanzeige, und wer dann raffinierterweise noch unter *liferatio* nachschaute, wäre vollends auf dem Holzweg. Die »Proliferation« ist ein neuzeitliches Retortenwort aus der Begriffsprägestätte der modernen Wissenschaft, und der Schnitt zwischen Kopf und Rumpf liegt hier nicht hinter dem »Pro-«, sondern geht mitten durch dieses »o« oder genau: mitten zwischen zwei hier zusammengezogenen »o«-Lauten hindurch.

Auch Wörter sind spaltbares Material: Das Substantiv *proles,* »Nachwuchs, Nachkommenschaft«, das hier zu Grunde liegt, spaltet sich auf in das Kopfstück *pro-*, »hervor-«, und das Rumpfstück *-oles,* das auf ein lebendiges, organisches »Wachsen« deutet; im *adolescens,* dem »Heranwachsenden«, und der *adolescentia,* der »Adoleszenz«, tritt der Stamm noch unverwischt hervor. Im klassischen Latein hat diese altlateinische, bereits von Cicero als »antiquiert« und »fast schon poetisch« etikettierte *proles* wenig ausgeschlagen; erst in jüngster Zeit sind zwei seiner Triebe kräftig ins Kraut geschossen. Das »Kommunistische Manifest« von 1848 und sein fulminanter Schlussappell hat den »Proletarier« zum landauf, landab geläufigen politischen Schlachtruf erhoben; im alten Rom bezeichnete der *proletarius* den unvermögenden Bürger der untersten Steuerklasse, der seine Schuld gegenüber dem Staat nicht in klingender Münze, sondern einzig mit seinen Nachkommen, sozusagen in Fleisch und Blut bezahlte.

Die gegenwärtige zweite weltweite Proliferation des alten Wortes steht unter dem Zeichen der »Nonproliferation«. Aus der künstlichen Synthese dieser *proles* mit dem Verb *ferre,* »tragen«, war über ein lateinisches *prolifer,* »nachwuchstragend«, und ein französisches *prolifère* gleichfalls bereits im 19. Jahrhundert eine botanische, zoologische und medizinische »Proliferation« hervorgegangen. Der Begriff bezog sich zunächst auf den Wildwuchs pflanzlicher Organe und dann überhaupt auf die rapide Vermehrung von Pflanzen und Tieren und die krankhafte Wucherung von Zellen und Organen. In einer abschätzigen Übertragung konnte man bald auch von einer »Proliferation« politischer Ideen sprechen; da kamen die Vettern »Proliferation« und »Proletarier« einander unversehens wieder nahe.

Mit der jüngsten Übertragung auf die nukleare Waffentechnik ist neben die gefürchtete »Proliferation« eine beschwörende »Nonproliferation« getreten. Wird dieses »Non-« sie jemals bannen? In dem letzten vergleichbaren Fall, dem mythischen Feuerdiebstahl des Prometheus aus der Werkstatt des Götterschmieds Hephaistos, hat Zeus eine Nonproliferation des Feuers und seiner Nutzung durch die Menschen nicht einmal versucht. Da ist, wie der alte Hesiod vor dreimal neun Jahrhunderten den Mythos erzählt, von einer Rückgabe dieses Diebesguts der besonderen Art mit keinem Wort die Rede; da schickt Zeus vielmehr die gleissende Pandora, auch sie ja ein künstliches Gebilde aus der Werkstatt des Hephaistos, mit ihrem Riesenfass voll übler Gaben zur Strafe hinterdrein.

Normal

Die Bauleute suchen das Gerade und Genaue, das im Wortsinn Senk(blei)-rechte und Waage-rechte. In seinem naturphilosophischen Lehrgedicht macht Lukrez einmal das Bauhandwerk zum Bild der Wissenschaft: Wenn das Richtscheit so krumm wie lang ist, das Winkelmass vom rechten Winkel abweicht, die Wasserwaage auf wackligen Füssen steht, werde das windschiefe Haus bald vollends einstürzen; geradeso könne aus einer falschen Wahrnehmung nur eine falsche Erkenntnis hervorgehen. Die Instrumente, die Lukrez an der Stelle nennt, sind alle drei in unserer Sprache heimisch geworden: das Richtscheit, lateinisch *regula,* mit der »Regel«, das 90-Grad-Winkelmass, lateinisch *norma,* mit der »Norm«, die Wasserwaage, lateinisch *libella,* mit der »Libelle« und dem »Niveau«.

Der 90-Grad-Winkel heisst bei Euklid *orthé gonía,* »aufrechter Winkel« und danach bei den Römern *rectus angulus;* es verwundert nicht, dass dieser »rechte, richtige Winkel« bald überhaupt zum Massstab des Rechten, Richtigen wurde. Cicero spricht einmal von der *»norma rationis«,* dem »Winkelmass der Vernunft«, an dem der jüngere Cato sein Leben ausrichte; ein andermal nennt er die Natur die *»norma legis«,* das »Winkelmass des Gesetzes«. Wir sprächen da mit einem entsprechenden Bild von einer »Richtschnur der Vernunft« und einer »Richtschnur des Rechts«. Und der jüngere Plinius rühmt den grossen Redner Demosthenes einmal gleich zwiefach als *»norma oratoris et regula«,* das »Winkelmass eines Redners und sein Richtscheit« – daran mochten die Späteren dann ihre Schieflage ablesen.

Das von der *norma* abgeleitete Adjektiv *normalis* bedeutet »mit dem Winkelmass in den rechten Winkel eingepasst, rechtwinklig«, ein *angulus normalis* ist ein Winkelmass-Winkel, eben ein »rechter Winkel«. Von einem »normalen Menschen« hat die Antike noch nicht gesprochen. Aber nehmen wir das Wort beim Wort, so wäre dieser »Winkelmass-Mensch« einer, der im rechten, richtigen Winkel steht zu den Menschen und den Dingen um ihn her, einer, der aus keinem Blickwinkel als ein »schräger Vogel« in der Landschaft steht. Oder mit den einschlägigen Redensarten vom Bau: einer, bei dem alles »im Lot« ist, den man nicht öfter »in den Senkel«, sprich: ins Senkblei stellen muss. Aber wie gesagt: von einem so wundervollen *Homo normalis* war in der Antike noch nicht die Rede.

In neuerer Zeit hat die *norma* ihre Bedeutung ausserordentlich, geradezu »enorm« erweitert und gesteigert. Weit über die industrielle Fertigung hinaus, bis ins gesellschaftliche Verhalten hinein sprechen wir von technischen und ethischen »Normen« im Sinn von allgemein anerkannten verbindlichen Richtmassen. Dagegen ist die Bedeutung des »Normalen« in unserem Sprachgebrauch zum ganz »Gewöhnlichen, Durchschnittlichen, Unauffälligen« verblasst, ist die kunstgerechte winkelrechte Fügung zur beiläufigen, alltäglichen »Normalität« herabgesunken. Erst wo das Normale im Gegensatz zum abweichenden »Abnormen«, krankhaft Anomalen – oder Anormalen? – steht, scheint die ursprüngliche

Bedeutung des im rechten Winkel sorgsam Eingepassten wieder durch.

»Anomal« oder »Anormal«? Da hat der Anklang des – nicht sprachverwandten – griechischen Adjektivs *homalós,* »eben, gleichmässig, gleichartig«, oder vielmehr seiner Negation *an-(h) ómalos,* »uneben, ungleich, anomal«, an das lateinische Wort zu einer ausgesprochen schrägen Wörter-Liaison verlockt. Unser Fremdwortschatz kennt das rein griechische »anomal« und die »Anomalie«; in Anlehnung daran hat sich das griechische Kopfstück *a-, an-,* im Deutschen »un-«, mit dem lateinischen *normalis* zu dem griechisch-lateinischen Zwitter »a-normal« verbunden. Sprachliche Anomalien im ureigenen Wortfeld der »Norm«: Ein rein lateinisches *in-normalis* hat es nie gegeben, aber dafür findet sich am anderen Ende des Alphabets noch ein zweiter solcher Zwitter, das deutsch-lateinische »unnormal«.

Und noch ein letztes Wort vom Bau: Am Anfang seiner Schrift »Wie einer seinen Fortschritt in der Tugend wahrnehmen könne« zitiert Plutarch ein strenggefügtes – fast möchte man hier sagen: an Richtscheit und Winkelmass ausgerichtetes – namenloses Dichterwort: »Nach der Richtschnur sollst / den Stein du setzen, nicht die Richtschnur nach dem Stein.«

Öko-

Vor einer Reihe von Jahren erschien in einer deutschen Tageszeitung eine Karikatur, wie sie im Buche, will sagen, im italienischen Vocabolario Etimologico steht: wenige Striche, noch weniger Worte, aber eine »volle Ladung«: »Ich bin öko«, erklärt da ein junger wilder Typ seinem wohlbeleibten Gegenüber. »-nomisch oder -logisch?« fragt der zurück. »Nomisch«, sagt der erste. »Logisch«, sagt der zweite.

Von der Astronomie bis zur Zoologie tragen hunderterlei alte und jüngere Wissenschaften die griechischen Grundworte *nómos* oder *lógos* im Namen. Der *nómos,* im Schulvokabular »Brauch, Gesetz«, bezeichnet eine ungeschriebene oder geschriebene geltende Ordnung; der *lógos,* im Schulvokabular »Vernunft, Sprache«, deutet auf feste Bezüge und Verhältnisse, mit dem Wort selbst: auf ein »logisches« Gefüge. Das ist nicht weit voneinander; in klassischer griechischer Zeit bezeichneten die *astronomía* und die *astrología* noch ein und dieselbe »Sternkunde« und die spasseshalber einmal daran angehängte *gastronomía* oder *gastrología* ein und dieselbe »Magenkunde«.

Das griechische Wort *oíkos* bezeichnet jedwedes »Haus«; die Ökonomie und die Ökologie sind »Haus«-Wissenschaften von zweierlei Häusern. Die erste, die bereits altgriechische *oikonomía,* begegnet zuerst im 4. Jahrhundert v. Chr. bei Platon und Aristoteles; sie betrifft das »Haus« im Sinne einer Hausgemeinschaft von Freien und Sklaven und ihres Haushalts von Einkünften und Ausgaben, Vermögen und Schulden. Ein *oikonómos* ist einer, der sich auf solches Wirtschaften versteht; mit diesem Wort hat Aristoteles, der Archeget der Zoologie, die »werkmeisternde, baumeisternde Natur« einmal für ihren haushälterischen Umgang mit ihren Ressourcen gerühmt: »Wie ein guter Haushalter – ein guter *oikonómos* – pflegt auch die Natur nichts wegzuwerfen, woraus sich noch irgendetwas Brauchbares machen lässt.«

Da ist aus der alten Ökonomie schon die erste Schwalbe der jungen Ökologie aufgeflogen. Die der »Ökonomie« zur Seite gestellte »Ökologie« ist ein neuzeitliches Retortenwort; der Zoologe Ernst Häckel hat es 1866 auf die Wechselbeziehungen zwischen Organismus und Umwelt gemünzt, und neuerdings ist aus dieser

Zweigwissenschaft eine Hauptwissenschaft der ganz besonderen Art geworden. Sie gilt dem grössten »Haus« überhaupt: dem kugelrunden Haus, in dem wir alle miteinander leben, mit seinem fruchtbaren Boden, der uns ernährt samt allem, was da grünt und blüht, kreucht und fleucht, mit seinen Ozeanen und mit seiner »Atmosphäre«, die uns atmen lässt. Wobei anzumerken wäre, dass die wiederum künstliche griechische Prägung »Atmosphäre« einfach »Dunstsphäre« bedeutet und mit unserem »Atmen« nichts zu schaffen hat.

Heute stehen die Chiffren »Economy« oder kurz »Eco-« fürs Haushälterische, und wie das »Bio-« fürs echt Natürliche, so ist das »Öko-« fürs Umweltfreundliche zum allgegenwärtigen Label des Lebens geworden. Da werben Öko-Politiker in allen Parteifarben für erneuerbare Öko-Energien, da empfehlen sich nachhaltige Öko-Produkte mit ihren lupenreinen Öko-Bilanzen, da haben wir »Öko-Autos«, wortwörtlich »Haus-Selbste«, die zwar auch nicht ganz von selbst, aber doch irgendwie hausfreundlicher als andere fahren, und wahrhaftig auch noch aneinander angebaute energiesparende »Öko-Häuser«.

Orientierung

Seit alters hat der Sonnenlauf uns wie die drei Tageszeiten, so die vier Himmelsrichtungen vorgegeben. Die Griechen nannten den Osten geradezu *anatolé,* den »Aufgang« der Sonne, den Westen *dysmé,* ihr »Eintauchen« in den Okeanos; die Römer sprachen vom *oriens* und vom *occidens Sol,* der »aufgehenden« und der »untergehenden Sonne«. Daher heisst Kleinasien auch »Anatolien«; daher haben wir den »Orient« und den – weniger gebrauchten – »Okzident«, und daher haben wir nach der griechischen *hespería (ge)* das »Abendland« und nach Luthers Übersetzung der *anatolé* das – wieder seltenere – »Morgenland«.

»Himmels«-Richtungen? So nennen wir sie, aber zumeist gebrauchen wir sie doch, uns hier unten auf der Erde zu orientieren. Da hat sich unversehens das erst neuzeitliche Verb »(sich) orientieren« zu Wort gemeldet. Im späten 17. Jahrhundert hat sich zunächst im Französischen zu dem alten *orient* ein zukunftsträchtiges *orienter* gesellt, in dem Sinne, dass etwa ein Architekt eine Kirche »orientiert«. Aber das müssen wir heute, nachdem dieses »orientieren« vor unserem inneren Auge keine Sonne mehr aufgehen lässt, doppelt sagen: dass er die Kirche »nach Osten hin orientiert«. Und mittlerweile merkt keiner mehr auf, wenn ein Architekt eine Villa nach Westen hin orientiert.

An dieses bauliche »orientieren« hat sich in der Folge ein menschliches *s'orienter,* »sich orientieren«, angeschlossen. Wer sich zum Sonnenaufgang hin orientiert, kann sich dann je nachdem, wohin die Wanderlust ihn lockt, rechter Hand nach Süden oder linker Hand nach Norden wenden. Seither können wir uns mit diesem Wort auf vielerlei Feldern Orientierung verschaffen: Wer weiss, wo die europa- oder die ökopolitische Sonne aufgeht, kann sich an diesem Fixpunkt orientieren und sich dann je nachdem, wohin der Sinn ihm steht, zur Linken oder zur Rechten hinüber wenden und dann den vielzitierten ersten Schritt in die richtige Richtung tun.

In den neuen Sprachen haben der »Osten« und der »Westen«, der »Norden« und der »Süden« die altsprachlichen Bezeichnungen der Himmelsrichtungen abgelöst. Der »Orient« lässt uns statt an einen Sonnenaufgang an die Märchen aus 1001 Nacht und an Schlangenbeschwörer und Bauchtänzerinnen denken; der »Okzident« ist fast ganz ausser Gebrauch gekommen. Das »Abendland« hat sich mit drei Jahrtausenden europäischer Geistesgeschichte von der Antike bis in die jüngste Postantike aufgeladen; Luthers dem nachgeprägtes »Morgenland« ist fast einzig noch für die drei Magier, die drei Weisen oder dann Könige, »aus dem Morgenland« gebräuchlich geblieben.

Wenn heute von einem Orientierungslauf oder bildlich von einer politischen oder einer sexuellen Orientierung die Rede ist, stellt unser Sprachzentrum keine Verknüpfung zum Orient mehr her. Im alltäglichen Sprachgebrauch, wenn wir uns etwa im Internet über dieses oder jenes »orientieren«, sagt das Wort nichts weiter, als dass wir uns über ebendiese Dinge »informieren«. Und bei dem Appell, wir Europäer sollten uns an unseren abendländischen, »westlichen« Werten orientieren, wechseln Abendland und Orient ob dieser unverhofften Wiederbegegnung ein stillvergnügtes west-östliches Augenzwinkern.

Parlament

»Kampf dem Palaver«: So lautete einmal eine Schlagzeile in der »Neuen Zürcher Zeitung«, und die Kampfansage galt dem kräftezehrenden Überhandnehmen parlamentarischer Initiativen und ausserordentlicher Parlamentssessionen. In dem ohrenfälligen Anklang von »Parlament« und »Palaver« verbirgt sich eine verwickelte Stammverwandtschaft, und liefen sich die beiden alten Wörter im Foyer des Berner Bundeshauses über den Weg und erkennten sie sich als Vettern, so wäre des Parlierens und Palaverns zwischen ihnen kein Ende.

Am Anfang steht da eine griechische *parabolé,* die in der Fachsprache der griechischen Rhetorik einen aufwertenden oder abschätzigen »Vergleich« bezeichnet, wortwörtlich verdolmetscht ein aus dem Kopfstück *para-,* »neben-«, und dem Stamm *ball-*, im Ablaut *bol-,* »werfen«, zusammengesetztes »Danebenwerfen, Danebenstellen«. Bei dem römischen Rhetor Quintilian begegnet diese *parabolé* noch vereinzelt in der Gestalt einer lateinischen *parabola.* Aber zu der Zeit hatten griechische Mathematiker das Wort längst für eine Vergleichung verschiedener rechteckiger und quadratischer Flächen und für einen entsprechenden Kegelschnitt parallel zum Kegelmantel in Anspruch genommen, und so figuriert das Wort in unserem Euro-Wortschatz zuvörderst in der mathematischen »Parabelkurve« und der physikalischen »Parabelbahn«, im »Parabolspiegel« und in der »Parabolantenne«. Lediglich die Lessingsche »Ringparabel«, in der Nathan der Weise Judentum, Christentum und Islam mit drei gleichen, nach ein und demselben Urbild gefertigten Ringen vergleicht, erinnert noch an den älteren Wortgebrauch.

Im Neuen Testament bezeichnet die griechische *parabolé* – und später die lateinische *parabola* – die Gleichnisse Jesu, und über diese Gleichnisse hat das alte Wort seinen Weg in die neuen Sprachen und zu guter Letzt bis hinauf ins Parlament und zu den Wahlparolen gefunden. Aus der kirchenlateinischen *parabola,* »Gleichnis«, ist im Mittelalter über eine volkslateinische *paraula* im Französischen eine *parole,* »Wort«, und danach im Mittelhochdeutschen ein *parol* hervorgegangen, und entsprechend ist das Verb *parabolare,* »in Gleichnissen reden«, über ein volkslateinisches *paraulare* zu einem französischen *parlier* oder *parler,* »sprechen«, und einem mittelhochdeutschen *parlieren* oder *parolen* zusammengeschnurrt. Mit der Verkürzung des Wortes ist eine Verflachung der Bedeutung einhergegangen; von der bildkräftigen Gleichnisrede jener alten *parabola* und jenes *parabolare* ist in den neuen Sprachen einzig noch das »Wort« und das »Sprechen« geblieben.

Auch bereits im Mittelalter hat sich dieses »Parlieren« mit dem Schwanzstück *-mentum, -ment* für ein dienliches Instrument zu einem lateinischen *parlamentum,* einem französischen *parlement* und danach zu einem mittelhochdeutschen *parlament* verbunden, sozusagen zu einem »Besprechungsinstrument«, zu einer Versammlung, dieses oder jenes zu besprechen. Zu seiner besonderen politischen Bedeutung ist das »Parlament« aber erst im 13. und 14. Jahrhundert gekommen, als das Wort in England zur Bezeichnung der beiden »Houses of Parliament«, des »House of Lords« und des »House of Commons«, wurde, und in diesem zukunftsträchtigen Sinne einer Versammlung von Volksvertretern ist es in der frühen Neuzeit auf den Kontinent zurückgekehrt.

Ein Wort auf der Parabelbahn: Aus der Ferne einer Jahrtausende alten rhetorischen Kunst, in der die streitenden Parteien mehr oder weniger schmeichelhafte Vergleiche füreinander finden, hat sich diese *parabolé* in enger Kurve um den Brennpunkt der bildkräftig sprechenden Gleichnisse Jesu hinausgeschwungen in die globale Weite einer parlamentarischen Kultur, die das gesprochene Wort und tief drinnen noch das einprägsame Bild im Namen führt.

Und das »Palaver«? Das liegt weit abseits dieser Bahn. In der Kolonialzeit, im früheren 18. Jahrhundert, hatten portugiesische Kaufleute ihr portugiesisches *palavra* in der unverächtlichen Bedeutung einer »Versammlung« und kaufmännischen »Verhandlung« nach Schwarzafrika exportiert, und die afrikanischen Eingeborenen hatten das europäische Wort für ihre eigenen Versammlungen und Verhandlungen übernommen. Im späteren 18. Jahrhundert haben britische Seeleute dieses portugiesische, mittlerweile auch afrikanische *palavra* nach Europa re-importiert, und nun in dem rassistisch eingefärbten abschätzigen Sinne eines endlosen, nutzlosen Eingeborenen-»Palavers«. Wie bei den Geldern die Geldwäscherei, so gibt es bei den Wörtern eine Wortwäscherei, und die hat hier für einmal ein weisses Wort schwarz gewaschen.

Pavillon

Der römische Statthalter von Syrien Pescennius Niger, der im späten 2. Jahrhundert n. Chr. von seinen Truppen zum Kaiser ausgerufen wurde, soll auf seinen Feldzügen »vor aller Augen vor seinem Feldherrnzelt« – lateinisch: *ante papilionem,* »vor seinem Schmetterling« – ostentativ den pappigen Soldatenpamps gelöffelt haben. Entsprechendes berichtet die gleiche römische »Kaisergeschichte« von Alexander Severus, der drei Jahrzehnte später zur Cäsarenwürde aufstieg: Auch der habe sich auf seinen Feldzügen mittags und abends »bei offenem Feldherrnzelt« – lateinisch: *apertis papilionibus,* »bei offenem Schmetterling« – vor aller Augen und zu aller Freude« aus der Feldküche verpflegt.

Die beiden Zitate aus der spätantiken »Historia Augusta« markieren die sprachliche Schnittstelle zwischen den leicht beflügelten lateinischen *papiliones,* den »Schmetterlingen«, und den entsprechend leicht und luftig gebauten »Pavillons« etwa einer temporären Weltausstellung. Das Feldherrnzelt ein »Schmetterling«? Die waffenstarrende Szenerie eines im weiten Geviert um das Feldherrnzelt abgesteckten Legionslagers hat mit dem mittagsstillen Biotop eines über Gräser und Blüten dahingaukelnden Schmetterlings wenig gemeinsam. Eher mag sich die Übertragung des lateinischen *papilio* von dem Sommervogel auf ein Sonnensegel in dem weitläufigen Park einer römischen Villa Rustica angeboten haben: Da mochte sich ein farbenfrohes auf dem grünen Rasen aufgespanntes Sonnensegel tatsächlich wie ein prächtiger Riesenschmetterling ausgenommen haben, und dazu mochte ein kreativer Designer einem solchen Partyzelt am Ende noch täuschende Schmetterlingsgestalt und -zeichnung gegeben haben.

Aber das sind nichts als etymologische Sommernachtsträume. Ein solches Sommerfest – sagen wir: in der kaiserlichen Villa Hadriana bei Tivoli –, auf dem die Gäste im Schatten eines schmetterlingsgestaltigen Zeltes, vielleicht eines Abendpfauenauges, hundertjährigen Falerner schlürfen, ein solches Missing Link dieser »Pavillon«-Geschichte ist nirgends bezeugt; von den vierflügligen Feld-Wald-und-Wiesen-*papiliones* zu den feldherrlichen Legionslager-*papiliones,* vor denen jener Pescennius Niger und jener Alexander Severus ihre soldatische Frugalität zur Schau stellten, führt in der literarischen Überlieferung keine vermittelnde Bilderstrecke herüber.

Dafür sind aus der Puppenhülle dieses lateinischen *papilio* in der französischen Tochtersprache gleich zwei Sommervögel aufgeflogen: auf der einen Seite der *papillon,* der »Schmetterling«, und auf der anderen Seite zuerst im Mittelalter ein *paveillon* in der Bedeutung eines Zeltes und darauf in der frühen Neuzeit der *pavillon* in der Bedeutung einer leichten, feinen Baulichkeit. Das französische Wort ist zweimal ins Deutsche übergegangen, im 12. Jahrhundert als ein schutzbietendes *pavilun* und nochmals im 18. Jahrhundert als ein eleganter »Pavillon«. Hinter unserem »Schmetterling«, übrigens, steht ein tschechisches *smetana,* »Rahm«. Der im 18. Jahrhundert zuerst in Sachsen aufgeflogene »Schmettenling« und dann »Schmetterling« hat den Namen von seiner Rahm- und Butter-Naschlust; mancherorts heisst er ja auch »Buttervogel« oder »Butterfliege« und im Englischen *butterfly.*

Penicillin

In einem Brief an seinen vertrauten Freund Paetus äussert sich Cicero ausführlich über den mehr oder weniger passenden Gebrauch »obszöner« Wörter. Zu dem lateinischen *penis* merkt er an, die »Alten« hätten unter dem Wort in seiner ursprünglichen eigentlichen Bedeutung noch jede *cauda,* jeden »Schwanz«, verstanden; daher rühre ja noch die Verkleinerungsform *penicillus,* »Schwänzchen«, für den »nach der Ähnlichkeit« – sagen wir: mit einem Pferdeschwanz – so bezeichneten »Pinsel«. Erst durch den neueren übertragenen Gebrauch sei das allzu oft das Obszöne verhüllende Wort schliesslich selbst zu einem obszönen Wort geworden.

Zwischen einem Pferdeschwanz und einem Pinsel liegen einige Grössenordnungen und in der Sprache die zwei Diminutive *peniculus* und *penicillus.* Wie der *penis* in der einen, so leben die Verkleinerungsformen in der anderen übertragenen Bedeutung fort: im Italienischen als *pennello,* im Französischen als *pinceau,* im Englischen – mit einem Sprung vom Malen zum Schreiben – als *pencil,* bei uns über ein mittelhochdeutsches *pensel* eben als »Pinsel«. Aber dass hier nicht alles aneinander Anklingende durcheinanderpurzelt: Hinter dem englischen *pen* steckt eine lateinische *penna,* »Feder«, und das Schimpfwort »Pinsel« war ursprünglich auf einen knauserigen Schuster gemünzt, bis die Studenten des 18. Jahrhunderts es auf die unstudierten »Einfaltspinsel« ummünzten – dahinter steckt eine »Pinne«, ein hölzerner Schuhnagel.

Der erste Bedeutungssprung vom Pferdeschwanz zum Pinsel hat bald weitere und höhere nach sich gezogen. In einem Brief an seinen Bruder Quintus, der damals Caesar in den Gallischen Krieg gefolgt war, gebraucht Cicero den *penicillus,* den »Pinsel«, als Bild für einen besonderen Malstil; entsprechend gebrauchen wir ja bis heute den *stilus,* den »Stift«, als Bild für einen besonderen Schreibstil und allerlei andere »Stile«. Da verheisst Cicero seinem Bruder und dem grossen Imperator ein farbenreich rühmendes »Poem« zu der kühnen Britannien-Expedition dieses Jahres: »Schildere mir Britannien, dass ich es malen kann: mit deinen Farben, meinem Pinsel – *meo penicillo.*« Da steht dieses »Schwänzchen« für den Pinsel, dieser wieder für die Malkunst, diese wieder für die Verskunst: ein dreifacher Metaphernsprung von der Pferdekoppel zum Helikon hinauf.

Später, so in der Plinianischen »Naturgeschichte«, bezeichnet dieser *penicillus* auch überhaupt die »Malerei«; aber das sind vereinzelte Höhenflüge geblieben. Die neuzeitliche Wortgeschichte führt von derlei Höhen und Weiten zu den niedersten Stufen des Lebens hinab. Im frühen 18. Jahrhundert hat Carl von Linné einer Gattung von Schlauchpilzen wegen ihrer pinselförmigen Sporenträger, also wiederum »wegen der Ähnlichkeit«, die systematische Bezeichnung *Penicillium,* zu Deutsch »Pinselschimmel«, verliehen. Zu der artenreichen Gattung gehören so edle Arten wie das *Penicillium Camembertii* und das *Penicillium Roquefortii,* aber auch weniger geschätzte, die zum Schrecken der Hausfrau Bauernbrot und Sonntagszopf, Zwetschgenmus und Kirschkompott grünlich-bläulich überziehen.

Vor gut neunzig Jahren, im Herbst 1928, entdeckte der englische Bakteriologe Sir Alexander Fleming, dass Schimmelpilze dieser Gattung krankheitserregende Bakterien abzutöten oder doch ihre Vermehrung zu hemmen vermögen. Es war eine Zufallsentdeckung, deren Bedeutung zunächst nicht erkannt wurde; erst Jahre später gelang es in den USA, aus dem *Penicillium notatum* ein erstes heilkräftig wirksames Antibioticum zu gewinnen. Aber dieser Zufallsfund bescherte der Menschheit, wie Fleming später einmal sagte, *»an enormous gratification«,* dem Entdecker im Jahre 1945 einen späten Nobelpreis und dem alten *penicillus* einen unverhofften neuen Höhenflug. Von Pinsel und *pencil* zu griechischer Malerei und Ciceros Verskunst, von den Pinselschimmeln zu Camembert und Roquefort und schliesslich zu dem lebensrettenden »Penicillin«: Wer denkt da noch an irgendwelche Schwänze?

Philotechnie

Von den hunderterlei Liebschaften, die das kuppelfreudige alte Griechisch unter *philo-* ins Alphabet des Wörterbuchs gestellt hat, sind nur wenige in die neuen Sprachen eingegangen. Um eine solche früh erloschene Liebschaft ist es besonders schade. Die der Sokratischen »Philosophie«, diesem »liebenden« Bemühen um Erkenntnis, Wahrheit und Werte, nachgeprägte Platonische »Philotechnie«, dieses entsprechend »liebende« Bemühen ums Werken und Bewerkstelligen, ist von Anfang an ein seltener Vogel gewesen und schliesslich vollends in Vergessenheit geraten. In Platons »Protagoras« findet sich ein einziges Mal das Verb *philotechneín,* in seinem »Staat« ein einziges Mal das Adjektiv *philótechnos,* in seinem »Kritias« ein einziges Mal – hier im Verein mit der *philosophía* – das Substantiv *philotechnía.*

Die erste Stelle spricht vom Feuerdiebstahl des Prometheus aus der Werkstatt des Schmiedegotts Hephaistos und der kunstsinnigen Athene, »in der die beiden philotechnierten«. Wie sollen wir das übersetzen? Ja, wenn sie dort philosophiert hätten, könnten wir einfach sagen, dass sie dort philosophiert hätten. Aber nun? Laden wir uns das Wort, statt es zu übersetzen, mit drei Paradestücken Hephaistischer Philotechnie aus Homers »Ilias« auf! Da fahren die Göttinnen Hera und Athene einmal und wieder nach Troja aus, und einmal und wieder springen die Tore des Olymps »von selbst« – griechisch: *autómatai* – vor ihrem Wagen auf. Da fertigt Hephaistos eine Serie von zwanzig Dreifüssen, Bistro-Tischchen, »rings an der Wand des Saales zu stehen«, und setzt sie auf goldene Räder, »dass sie ihm von selbst – *autómatoi* – unter die Olympier liefen und wieder an ihren Platz zurückkehrten: ein Wunder zu schauen«. Und da stützt sich der hinkende Schmiedegott auf »goldene Dienerinnen, die lebenden Jungfrauen glichen, die haben drinnen Verstand und Sprache und Kraft ...« Wozu da noch übersetzen? Vor dieser olympischen Philotechnie wird das »Philotechnieren« auch so zu einem sprechenden Wort.

Wie in der frühen Neuzeit Leonardo da Vinci, so ist in der Antike der Syrakusaner Archimedes zur Leitgestalt einer solchen Philotechnie der besonderen Art geworden. Plutarch zitiert den ingeniösen Maschinenbauer mit dem Postulat, jede noch so grosse Last lasse sich durch jede noch so kleine Kraft bewegen – grandios überhöht: Wenn er eine zweite Erde hätte, könnte er, auf jene hinübergegangen, diese von ihrem Ort im Zentrum des Kosmos verrücken. Und darauf schildert Plutarch die spektakuläre Demonstration dieser »Goldenen Regel« vor König Hieron II. von Syrakus: »Dazu liess Archimedes einen mit grosser Mühe und von vielen Männern an Land gezogenen Dreimaster aus der königlichen Flotte voll bemannen und beladen. Er selbst nahm ein Stück seitab Platz; ohne Anstrengung, eher lässig mit der Hand die Kurbel eines Flaschenzugs schwingend zog er das Schiff zu sich heran, und das lief glatt und ohne jeden Anstoss, als glitte es durchs Meer, auf ihn zu.« Und wir mögen überschlagen, welche Untersetzungsmaschinerie von Zahnrad- und Schneckengetrieben dieser »mathematische Hunderthänder« zwischen diese Riesenlast und diese eine Menschenkraft geschaltet hatte ...

Auf Schritt und Tritt springen heute Türen und Tore automatisch vor uns auf, und jüngst sind auch autonom fahrende Autos und sprechende Roboter zukunftsträchtige Wirklichkeit geworden. Gesetzt, die »Philotechnie« hätte sich damals neben der »Philosophie« behauptet, gesetzt, die treffliche Prägung hätte der antiken Welt dieses »liebende« Bemühen ums Werken und Bewerkstelligen geradeso wie das andere ums Erkennen und Verstehen als einen unendlichen geistigen Prozess nahegebracht – hätte diese philotechnische Kunst im Mittelalter dann wohl zu den »freien Künsten« zählen dürfen? Und hätten die frühen Universitäten neben der philosophischen dann auch eine philotechnische Fakultät zugelassen und nicht alles bloss »Technische« als simpel lehrbar und lernbar in Technische Hochschulen abgeschoben?

Profil

Jeweils vor den landesweiten Wahlen suchen die Parteien, ihre Präsidentinnen und Präsidenten, Kandidatinnen und Kandidaten, ihr Profil zu schärfen. Wortgeschichtlich haben sie ja alle das gleiche, ein klassisch-lateinisches, und ein vergleichsweise transparentes: Da sind die Parteien die »Teile« zur Linken und zur Rechten der politischen Szene, die Präsidenten die »Vorsitzenden«, die Kandidaten die im altrömischen Wahlkampf »strahlend weiss gewandeten« Wahlbewerber. Das »Profil«, auch das ein Migrant mit lateinischen Wurzeln, lässt sich nicht so geradewegs übersetzen; das hat, wie Profile eben haben, seine Kanten und Kehren, Schlingen und Schlenker.

Das »Pro-« und das »-fil« haben erst im Italienischen zusammengefunden, und seither hat der alte Stamm nochmals kräftig ausgetrieben. Profile gibt's viele: Da ist zunächst das leibliche Profil, das der Silhouettenschneider schneidet. Das haben wir, notabene, nur vom Scheitel bis zum Adamsapfel; darunter, an Brust und Bauch, haben wir – wieder lateinisch – Figur. Sodann sind da die technischen, die Profile unserer Gummisohlen und Autoreifen, die Profile von stählernen Trägern und hölzernen Rahmen. Und schliesslich sind da die bildlich übertragenen »Profile« wie ebenjenes politische, mit dem eine Partei »sich profilieren«, im modischen Jargon: »klare Kante zeigen« kann, und manche andere bis hinauf zu der – wie auch immer – »profilierten Persönlichkeit«.

Der rote Faden, der sich hier von der profilierten Schuhsohle bis zur markanten Stirn und zum geistigen Profil dahinter hinaufzieht, ist in diesem Fall tatsächlich ein Faden: das lateinische *filum,* deutsch »Faden«. Auffällige Verbindungen wie *forma et filum,* »Gestalt und Faden«, oder *habitus corporis et filum,* »körperlicher Habitus und Faden«, deuten darauf, dass ein wollener Faden mit seinen lockeren Schleifen und Schlaufen schon im klassischen Latein den Umriss einer Figur zeichnen und so auch bezeichnen konnte. Das Lob für das »gar nicht so üble *filum«* einer jungen Frau in einer Plautinischen Komödie gilt also nicht etwa deren Fleiss und Kunstfertigkeit an Spinnrad und Webstuhl.

Im Spätlateinischen erscheint vereinzelt ein Verb *filare,* sozusagen »fädeln«, in dem Sinne »(Wolle) zu einem Faden ausziehen«, und im Italienischen dann die zukunftsträchtige Zusammensetzung *profilare,* »vorfädeln, im Umriss vorzeichnen«. Das daraus zurückgebildete *profilo,* »Umriss, Seitenriss«, ist im früheren 17. Jahrhundert über ein französisches *profil* ins Deutsche übergegangen. Als Terminus technicus der Architektur, speziell der Festungsbaukunst, hatte das Wort zunächst die Seitenrisse von Bauten, Mauern und Schanzen bezeichnet, bis es bei dem Kunsthistoriker Winckelmann und Lessing von den Mauerstirnen und Mauernasen auf die Menschenstirnen und Menschennasen übersprang.

In jüngster Zeit hat unser Sprachgebrauch vielerlei weitere »Umrisse« und »Gesichter« bildlich als »Profile« angesprochen. Neben den Parteiprofilen stehen da, um nur wenige zu nennen, Unternehmensprofile und Stellenprofile, Anlageprofile, Schul- und Studienprofile, ja kriminologische Täterprofile – lauter »Profile«, die sich nie und nimmermehr mit einem blossen Faden, sondern allenfalls noch mit allerlei graphischen Künsten darstellen liessen. Und schliesslich verzeichnet der Duden da noch profilkranke Profilierungssüchtige und Profilneurotiker: Bei denen hat sich der Faden wohl heillos verwickelt.

Protokoll

Bei den Olympischen Spielen der Antike und so auch bei den anderen »allgriechischen« Spielen in Delphi, in Nemea und am Isthmos nahmen einzig die Ersten den Siegespreis entgegen; schon die Zweiten und Dritten liefen da nur noch unter »Ferner liefen ...« Diese griechische Fokussierung auf die Erstplazierten ist auch lexikalisch zu belegen: Nicht nur das achtpfündige Oxforder Greek-English Lexicon, auch schon Dr. W. Pape's Griechisch-Deutsches Handwörterbuch verzeichnen unter *proto-,* »Erst-«, die erstaunliche Zahl von weit über hundert »Proto«-Komposita. Einige wenige dieser urgriechischen »Ersten« sind zu Termini technici der modernen Naturwissenschaften geworden, und nur zwei oder drei, das »Protokoll«, der »Prototyp« und allenfalls noch der »Protagonist«, sind in unserem Alltagswortschatz gebräuchlich geblieben.

Das Protokoll, das doch immer erst hinterdrein und manchmal erst lange hinterdrein kommt, ein »Erstes«? Ja, und das weitab von allen Wettkämpfen, weitab von allen Sitzungen. Ursprünglich bezeichnete das griechische *protókollon* die »erstgeklebte«, erste Seite einer aus vielen aneinandergeklebten Seiten gefertigten Buchrolle. Darin steckt noch das – literarisch nur selten bezeugte – handwerkliche Fachwort *kólla,* »Leim«, das über eine spätlateinische *colla* in die romanischen Sprachen gelangt und mit den von Braque und Picasso kreierten Papier- und Textil-Collagen in die Kunstgeschichte eingegangen ist. Im Deutschen ist der »Leim« mit dem »Lehm« und das »Kleben« mit dem »Klettern« verschwistert; aber mit dem »Protokoll« und, nicht zu vergessen, dem »Uhu-coll« ist der alte Stamm auch bei uns prominent und auf Dauer vertreten.

Bücher, wie wir sie kennen und so nennen, sind zwischen zwei Buchdeckel gebunden, und sie können Hunderte oder wie die

Zürcher Bibel auch einmal über tausend Seiten haben, in denen wir leichterhand voraus- und wieder zurückblättern können. Die Bücher der Antike waren anders gestaltet und wurden anders gehandhabt: Das waren Buch-»Rollen« mit einem handlichen Haltestab und höchstens einigen Dutzend aneinandergeklebten und darauf aufgewickelten Seiten, die der Leser Seite für Seite von einer Hand in die andere abrollen und wieder aufrollen konnte – oder musste. Die lateinische Bezeichnung *volumen,* sozusagen »Roll-Ding«, im Englischen noch *volume,* deutet auf diese Handhabung hin. Caesars »Bellum Gallicum«, heute ein schmaler Band von gut zweihundert Seiten, nahm in der Antike sieben solche »Bücher« oder vielmehr »Rollen« in Anspruch.

Dem ersten Blatt einer solchen Buchrolle kam eine besondere Bedeutung zu; in diesem »erstgeklebten« *protókollon* fand der Leser knappgefasste Angaben zum Inhalt der Rolle. Im Fall literarischer Texte nannte es den Autor und den Titel des Werks, dazu vielleicht die Herkunft der Handschrift; im Fall juristischer Texte verzeichnete es etwa die da archivierten Urkunden und den Ort und die Zeit ihrer Ausfertigung. In der Spätantike und im frühen Mittelalter, als das Pergament – und später das Papier – den Papyrus und der gebundene Codex die geklebte Buchrolle ablöste, verlor dieses *protókollon* den Bezug auf seinen alten Gegenstand, und zu einer Übertragung auf den neuen Buchblock ist es nicht gekommen. Statt von einem »Protokoll« vorneweg sprechen wir heute von einer »Titelei«, und Einzelnes finden wir, sei's vorn oder hinten im Buch, im »Inhaltsverzeichnis«.

In der frühen Neuzeit hat sich das im Wortsinn gegenstandslos gewordene Wort auf dem Feld und in der Sprache der Gerichte und Kanzleien nach einem neuen wieder knappgefassten Gegenstand umgesehen und ist dabei gleich zweimal fündig geworden: zunächst bei dem knappen mehr oder weniger wörtlichen »Protokoll« einer Gerichtsverhandlung und dann bei dem knappen mehr oder weniger genauen »Protokoll« eines Hof- oder Staatszeremoniells. Da ist nichts mehr ein »Erstes« und nichts mehr »geleimt«; aber in dieser hier forensischen und dort diplomatischen Doppelbedeutung wird das »Protokoll« im modernen Euro-Wortschatz fortleben, solange ein Gerichts- oder Vereinspräsident eine Sitzung eröffnet und wieder schliesst und solange ein roter Teppich vor einem Staatspräsidenten ausgerollt und wieder eingerollt wird.

Punkt

Gleich am Ende dieses Satzes wird er erscheinen, der Punkt, der uns beim Lesen kurz innehalten lässt, und hier ist er schon, gleich nach dem Doppelpunkt: . Gefunden? Das Tüpfelchen Druckerschwärze am Fuss der Zeile, das der geneigte Leser da vor Augen hat, ist ein Stück antikes Erbe, das kleinste und unscheinbarste von allen, und das uns doch alle Augenblicke ins Auge fällt – da ist ja schon wieder einer: . Auch das Wort ist altes Erbe: Unser »Punkt« steht wie seine Wortgeschwister *punto* und *point* für ein lateinisches *punctum*, und dieses *punctum* ist die Lehnübersetzung einer gleichbedeutenden griechischen *stigmé*.

Zunächst zur Sache: Eine Interpunktion mit Punkt und Komma – auch mit dem »Paragraphen«, einer Unterstreichung am Anfang der Zeile, in der ein Satz endete – war in klassischer griechischer Zeit aufgekommen und wurde in hellenistischer Zeit zunehmend verfeinert. Sie konnte das Verständnis einer mehrdeutigen Textstelle klären und war gewiss überhaupt eine willkommene Lesehilfe. Die »fortlaufende Schreibung«, die *Scriptio continua* der Antike, kannte ja keine Wortzwischenräume, geschweige denn Gross- und Kleinschreibung, und so sah man doch wenigstens, wo ein Satz aufhörte und ein neuer anfing.

Einen ersten Hinweis auf solch ein klärendes Satzzeichen finden wir um die Mitte des 4. Jahrhunderts v. Chr. bei Aristoteles. Er bemerkt, bei dem sprichwörtlich dunklen Heraklit sei es schon gleich im ersten Satz nicht leicht, richtig zu »interpunktieren« – griechisch: *diastízein,* etwa: »zwischenzupunkten«. Und um die Wende vom 3. zum 2. Jahrhundert hat der alexandrinische Philologe Aristophanes von Byzanz offenbar die Homerischen Epen, zumindest die »Ilias«, durchgehend interpunktiert; so bezeugt es die Kritik eines späteren Scholiasten, der grosse Aristophanes habe dort im 1. Gesang, in Vers 72, einen Punkt – eine *stigmé* – falsch gesetzt.

Und nun zum Wort: Das von Aristoteles gebrauchte griechische Verb *(dia-)stízein* bedeutet – sprachverwandt – eigentlich »stechen« und speziell »tätowieren, markieren«; die *stigmé* bezeichnet einen »Stich« und dann ein »Mal«, einen »Punkt«, das *stígma* ein ganzes »Tattoo«. Auch die Lehnübersetzung ist ein wahrhaftes »Stich«-Wort: Das lateinische Verb *pungere* bedeutet wiederum »stechen«, sein Partizip *punctum* bezeichnet eigentlich wieder einen »Stich« – daher das chirurgische »Punktieren« – und dann im Sinne der *stigmé* den »Punkt«. Da haben wir des Pudels Kern: Der Punkt ist ein Mini-Tattoo, das einen Satzschluss »markiert«.

Die Griechen kannten Tätowierungen von fremden Völkern wie den Thrakern; sie selbst markierten derart allenfalls einen entlaufenen Sklaven. In Perikleischer Zeit haben die Athener ihre samischen Kriegsgefangenen mit einem Tattoo – einem *stígma* – der attischen Eule an der Stirn im heutigen Wortsinn »stigmatisiert«. In seiner »Bunten Geschichte« gibt Älian seinem Abscheu darüber Ausdruck; sein schaudernder Blick zurück auf diesen barbarischen Akt der athenischen Demokratie ist es vielleicht gewesen, der neben den verehrungswürdigen »Stigmata«, den »Wundmalen«, Christi auch das diskriminierende »Stigma« in unseren Fremdwortschatz hat eingehen lassen.

Zugleich mit den Philologen haben die Mathematiker die *stigmé* in ihren Fachwortschatz aufgenommen, und durch sie steht der »Punkt« seither für eine geringste Erstreckung und einen bestimmten Ort. Da gibt es in bildlicher Sprache Mittelpunkte und Schnittpunkte, Schwerpunkte und Standpunkte, Höhepunkte und Wendepunkte, den springenden Punkt im Ei und das Pünktchen auf dem »i«, und sogar eine eigene Tugend hat dieser »Punkt« sich zugelegt: die punktgenaue Pünktlichkeit. Im neueren Polit-Jargon kann ein Politiker auf der Beliebtheitsskala »punkten«, und wenn ein Lateiner mit seinem Latein am Ende ist, ruft er einfach »Punktum!«, und prompt ist wieder einer da: .

Radikal

Mit den Links- und Rechts-Extremisten können wir hier kurzen Prozess machen: Das sind einfach die Links- und Rechtsaussen, ja die Links- und Rechts-»Äussersten« auf dem politischen Spielfeld. Der »Extremist« ist ein lateinisch-griechischer Zwitter: Das lateinische Adjektiv *exter* für einen »ausserhalb Stehenden«, das Grundwort hinter der Präposition *extra,* »ausserhalb«, steigert sich zu einem Komparativ *exterior,* »der Äussere«, und einem Superlativ *extremus,* »der Äusserste«, und das griechische Schwanzstück »-ist« für den Professionellen macht den politischen Extremisten der einen oder anderen Richtung zum engagierten Polit-Profi. Bei den Links- und Rechts-Radikalen liegt die Sache nicht so offen zutage; da führt die Fährte geradewegs in den Untergrund.

Observieren wir die Radikalen lexikalisch, so stossen wir auf das lateinische Substantiv *radix* mit dem Genitiv *radicis,* »Wurzel«. Ein radikaler Politiker hat es irgendwie mit den Wurzeln zu tun; aber wie? Ein Adverb, das altertümlich gebildete *radicitus,* weist den

Weg. In seinem Leitfaden der Landwirtschaft schreibt der alte Cato dem Gutspächter ins Pflichtenheft, er solle zu Anfang des Frühjahrs die Wiesen düngen und alles Unkraut *radicitus,* »mitsamt der Wurzel«, ausgraben. In der Folge findet sich das Wort noch mehrfach von den Weidegründen auf andere, feinere Böden und zartere Pflanzen übertragen; so heisst es in Ciceros Dialog »Über das Wesen der Götter« einmal drastisch, Epikur habe das religiöse Denken und Empfinden *radicitus* aus der Menschenseele ausgerissen.

Zu diesem altertümlichen *radicitus* hat sich in der Spätantike, bei den Kirchenvätern, noch ein Adjektiv *radicalis* und ein dazu wieder regelmässig gebildetes Adverb *radicaliter* gesellt, und in dieser Form ist das Wort in der frühen Neuzeit über das Französische in den Euro-Wortschatz und das politische Vokabular eingegangen. Damit konnte man nun irgendwelche Übelstände »radikal« beseitigen, ihnen »an die Wurzel gehen«, sie »bei der Wurzel packen« oder dann irgendwelche Verhältnisse »radikal« – da wird das Bild schon schief – umgestalten oder neudeutsch neu sortieren. Da haben wir das Pudels Kern: Ein »radikaler« Politiker reisst das vermeintliche Übel à la Cato »mitsamt der Wurzel« aus, und jeder Hobby-Gärtner weiss, wie das wirkt. Entsprechend spricht die Medizin ja von »radikalen« Operationen, im Wortsinne tiefgreifenden, ausräumenden Eingriffen.

Auf dem Feld der Politik hat die lateinische Wurzel jüngst noch kräftig ausgeschlagen: Da gibt es radikalisierende Hassprediger und radikalisierte Jihadisten, da spricht man von einer fortschreitenden Radikalisierung und einem bedrohlichen Radikalismus. Hinter diesen gängigen Polit-Vokabeln ist das drastische Bild des Unkrautvertilgens und Wurzelausreissens mittlerweile völlig verblasst. Das aus einem derart entwurzelten »radikal« entsprossene volksetymologische »ratzekahl« – wie in »ratzekahl aufgefressen« – spielte ursprünglich wohl auf einen ratzekahlen Rattenschwanz an. Aber wie der Zufall so spielt, passt das Bild auch bestens zu einem ratzekahlen Rechtsradikalen: Bei so einem rechten Wurzelausreisser kommt auch der eigene Schädel nicht ungeschoren davon.

Nebenbei verdanken wir dieser lateinischen *radix* noch zwei pflanzliche Wurzeln, in die man hineinbeissen kann: den von römischen Entwicklungshelfern in germanische Gemüsegärten eingeführten »Rettich«, der schon im Alt- und Mittelhochdeutschen in ebendieser Lautgestalt begegnet, und das knackige »Radieschen«, das in der späteren Neuzeit über Frankreich und die Niederlande ins Deutsche gelangt ist. Wenn sich irgendwo im deutschen Norden ein löwenmähniger Linksradikaler und ein ratzekahler Rechtsradikaler beim fröhlichen Unkrautausreissen in die Quere kommen und der eine zum anderen sagt, wenn er so weitermache, könne er sich bald mal die Radieschen von unten bekieken, bleibt die Sache also ganz in der Familie.

Rakete

Bei Importen aus dem alten Athen oder dem alten Rom, aus Italien oder Frankreich, England oder den USA geht der Import der »Sachen« in der Regel mit dem Import der Wörter einher. Nicht so bei Importen aus dem Fernen Osten. Als das chinesische Papier durch die Araber zuerst nach Spanien und dann ins übrige Europa kam, gab man ihm den frei gewordenen Namen des nicht mehr verwendeten, fast schon vergessenen Papyrus; als Marco Polo die ersten Stücke chinesisches Porzellan nach Venedig brachte, benannte man die weissglänzende Keramik nach der ähnlich weissglänzenden »Schweinsmuschel«, italienisch *porcellana.* Auch die Schiesspulvergeschosse, die im 13. Jahrhundert – wieder durch die Araber – in den Westen kamen, sind durch eine äusserliche Ähnlichkeit zu einem neuen Namen gekommen. Aber wer, der's nicht weiss, könnte das erraten: dass hinter der »Rakete« ein fraulicher Spinn-»Rocken« steht?

So ist es tatsächlich: Auf dem Umweg übers Italienische sind aus dem germanischstämmigen »Rocken«, althochdeutsch *rocko,* mittelhochdeutsch *rocke,* zunächst die Feuerwerks-»Raketen« der frühen Neuzeit und jüngst noch die nuklear bestückten Interkontinental-»Raketen« geworden. Wohl schon in der Völkerwanderungszeit war das Wort mit den Langobarden in den Süden gekommen; seit dem frühen Mittelalter erscheint es im Italienischen, nun feminin, als *rocca.* Als im 13. Jahrhundert die chinesischen Schiesspulverpfeile und Feuerwerksraketen in Europa bekannt wurden, ging das Wort in der – liebevoll? – verkleinernden Form *rocchetta,* »Spinnröckchen«, auf die spindelförmigen »feurigen Pfeile« über, und die Übertragung fand alsbald Nachfolge: Entsprechend ist im Französischen im späten 14. Jahrhundert aus dem männlichen *fuseau* eine weibliche *fusée,* aus der Spindel eine »Rakete« hervorgegangen.

In dieser übertragenen Bedeutung eines »fliegenden Feuers« ist die *rocchetta* im 16. Jahrhundert aus dem Italienischen in den Norden zurückgekehrt, zunächst als »Rogete« und »Rogettlzeug« und dann als »Rachete« und »Rackete«. In Zincgrefs »Apophthegmata« (1626) findet sich dieser hübsche Vergleich eines Bruders Luftikus mit einem nun nochmals verkleinerten »Rachetlin«: »Die hoch oben ausz wollen, und wie gemeinlich geschihet, nirgends ankommen, vergliche er mit einem Fewrwerk oder Rachetlin, das hoch in die Höhe fährt, und doch weder den Himmel erreicht, noch wieder auf die Erd kompt, sondern in der Luft zerknellt.« Und in Heinses »Ardinghello« (1787) ist ein Seenachtfest beschrieben: »Racketen stiegen auf in der Luft und kreuzten sich über dem See – und zerknallten in schönen Kreisen sinkend.«

Pflugscharen statt Schwerter? Das heisst unter diesem Stichwort wortgeschichtlich schlüssig: Rocken statt Rockets!

Skandal

Der »Skandal« schreit – erst recht, wenn um ihn selbst geht – nach »lückenloser Aufklärung«. Aber die Wortgeschichte ist allemal, mit Morgenstern, »ein Lattenzaun, mit Zwischenraum, hindurchzuschau'n«. Im Falle des »Skandals«, der im 18. Jahrhundert vom französischen Königshof an die deutschen Fürstenhöfe übergewechselt ist, können wir uns zunächst an drei standfeste Latten halten: an einen bereits altfranzösischen *scandale,* an ein spätlateinisches *scandalum* und an ein neutestamentliches griechisches *skándalon.* Von zwei vielzitierten Bibelstellen aus ist das in klassischer Zeit nur vereinzelt bezeugte Wort in die neuen Sprachen und in die Schlagzeilen gekommen.

Der Evangelist Matthäus schildert, wie Petrus die erste Leidensankündigung Jesu nicht gelten lassen will und wie Jesus ihn darauf zurückweist: »Da nahm Petrus ihn beiseite und fing an, ihn zu beschwören: ›Das möge Gott verhüten, Herr! Niemals soll dir das geschehen!‹ Er aber wandte sich um und sagte zu Petrus: ›Fort mit dir, Satan, hinter mich! Du willst mich zu Fall bringen, denn nicht Göttliches, sondern Menschliches hast du im Sinn.‹« Hier wird die Übersetzung der neuen Zürcher Bibel zum Vexierbild: Wo steckt da der Skandal? Ganz versteckt in dem ausdeutenden »Du willst mich zu Fall bringen«; Luther hatte wortgenau übersetzt: »Du bist mir ein Ärgernis – ein *skándalon!«*

Die andere Stelle bringt uns der Aufklärung dieses *skándalon* schon ein wenig näher. In seinem Römerbrief zitiert Paulus ein Wort des

Propheten Jesaja: »Sie (die Israeliten) stiessen sich am ›Stein des Anstosses‹, wie geschrieben steht: ›Siehe, ich setze in Zion einen Stein des Anstosses und einen Felsen des Ärgernisses – eine *pétra skandálu* –; wer auf ihn vertraut, wird nicht blossgestellt werden.‹« Wer an einen Stein oder gar einen Felsen anstösst, tut sich empfindlich weh; dieses *skándalon* ist offenbar ein Stein oder ein Fels, an dem einer sich empfindlich stossen kann – oder vielmehr: an dem einer sich besser nicht stossen sollte.

Das Rätsel löst sich, wenn wir noch einen Zwischenraum und eine Latte weiter ins klassische Griechisch zurückgehen. In einer Aristophanischen Komödie spricht der Chorführer mit einer älteren Form des Wortes einmal von »Fragen«, mit denen ein raffinierter Redekünstler *»skandálethra* von Worten aufstelle«. Wir könnten die bildhafte Wendung kaum verstehen, käme uns nicht die klärende Randbemerkung eines antiken Schulkommentars zu Hilfe: *»Skandálethra«,* sagt sie zu dem seltenen, offenbar damals bereits erklärungsbedürftigen Wort, »heissen die gebogenen Hölzer in den Fallen, an die das Tier anstösst.« Demnach waren jene Fragen buchstäblich Fangfragen, und demnach gehört dieses *skandálethron* oder später *skándalon* eigentlich in eine – sagen wir: – Mausefalle und spielt darin eine buchstäblich ausschlaggebende Rolle: Es ist das fein justierte Stellholz, an dem vorn das verführerisch duftende Speckwürfelchen hängt und hinten der Auslöser sitzt, der bei dem leichtesten Anstoss die Falle zuschnappen lässt. »Fort mit dir, Satan, hinter mich! ... Du bist mir ein *skándalon!«,* lässt der Evangelist an der Stelle Jesus rufen, und jetzt wird das Bild stimmig: Solch ein *skándalon* hat jeder lieber hinter sich als vor sich.

In einer delphischen Inschrift aus dem 2. Jahrhundert n. Chr. begegnet die – einzig hier bezeugte – Professionalität eines »Skandalisten«, offenbar eines artistischen Trapez- oder »Mausefallenkünstlers«. Der verdankt diese so seltene wie treffende Bezeichnung seiner Zirkuskünste doch wohl dem feinen Finger- und Zehenspitzengefühl, mit dem er in dem präzis abgestimmten Mechanismus seiner schwingenden Seile und pendelnden Bretter jeweils im rechten Augenblick loszulassen und wieder zuzupacken wusste.

Sparte

Wie Athen oder vielmehr Attika mit dem »attischen Salz«, so ist Sparta mit dem »spartanisch« kargen Leben und die Landschaft mit dem »lakonisch« knappen Sprechen in unsere Bildersprache eingegangen. Und dann ist da im Deutschen noch ein junger Überraschungsgast, und der ist kein anderer als ebendieser nur leicht eingedeutschte Städtename selbst: die »Sparte«. Ja, so unwahrscheinlich es ist: Jede neue Wirtschafts-»Sparte« ist ein altes Sparta! Ein geflügeltes Wort hat den merkwürdigen Bedeutungssprung oder vielmehr die allmähliche Verwandlung mitgemacht; und das weiss ein Lied davon zu singen:

In einer Euripideischen Tragödie hatte Agamemnon, der Herr in Mykene, seinen jüngeren Bruder Menelaos, den Herrn über Sparta, barsch in die Schranken gewiesen: »Sparta hast du erlost: Das ordne du! / Mykene: Das ordnen wir für uns allein!« Kein Wunder, dass sein Machtwort bald zum geläufigen Zitat geworden ist; eleganter als mit König Agamemnon liess sich eine solche Reviermarkierung unter Platzhirschen nicht an den Mann bringen. Dazu genügte ja schon der erste Vers, der dem Amtsgenossen sein »Sparta« zugesteht; den zweiten mochte sich der so fein Zurückgewiesene aus dem Hinterkopf ergänzen.

Zwei Rastplätze sind dem geflügelten Wort zu neuen Brutplätzen geworden. In einem Freundesbrief hatte Cicero den ersten Vers im griechischen Original zitiert: *»Spárten élaches, taútan kósmei«*,

»Sparta hast du erlost: Das ordne du!“ Und daraus hat Erasmus ihn in der lateinischen Version *»Spartam nactus es, hanc orna«,* »Sparta hast du erlangt, das schmücke!« in seine weit verbreitete »Sprichwörter«-Sammlung aufgenommen. Doch die Verbreitung hatte ihren Preis: Mit der Verkürzung auf diesen ersten Vers war die Gegenüberstellung der mythischen Herrschersitze verloren gegangen und damit das geflügelte Wort vollends zu einem entflogenen Wort geworden.

Erasmus hat den zweiten, nur ein einziges Mal überlieferten Vers »... Mykene: das ordnen wir für uns allein!« im Nachhinein ganz nebenbei noch angeführt. Aber in der Folge verstand man das beziehungslos gewordene *»Sparta«* nun doch irrig als ein blosses Substantiv in der Bedeutung eines weltlichen oder geistlichen Amtes und zitierte das geflügelte Wort in dem Sinne: Du hast deine *sparta,* deine »Sparte«, erlangt, und die schmücke, für die trage Sorge! Frischexaminierte Theologiestudenten machten sich ihren Reim darauf und scherzten über ihre Chancen auf *Spartam et Martham,* sozusagen »Pfarramt und Pfarrfrau«.

Eine eingedeutschte »Sparte« erscheint erstmals im frühen 19. Jahrhundert; das »Deutsche Wörterbuch« der Brüder Grimm erklärt das Wort zunächst als »Pfründe«, dann noch als »Anteil, Amt, Aufgabe«. Was für ein Wörterleben! Da hat sich ein griechischer Städtename auf den Schwingen eines lateinischen geflügelten Wortes im deutschen Wirtschaftswortschatz zu einer völlig neuen Identität aufgeschwungen. Der Grosse Duden nennt neben den Wirtschafts-»Sparten« speziell noch die Zeitungs-»Sparten«. Ist dann auch diese Etymo-Rubrik hier solch ein altes Sparta? Und haben die Zeitungs-»Spalten« da irgendwie hineingefunkt?

Subsidiarität

Die »Subsidiarität«, die im Diskurs zwischen der Europäischen Union und ihren Mitgliedern, der Confoederatio Helvetica und ihren Kantonen zum vielstrapazierten politischen Schlagwort geworden ist, stammt unverkennbar aus dem lateinischen Wörterbaukasten. Zu einer aus fünf Stücken zusammengesetzten *sub-sid-i-ari-tas* war es in klassischer Zeit allerdings noch nicht gekommen, auch noch nicht zu einem politischen Bezug des Wortes; aber aus den ersten vier Stücken mag, wer einmal mit Caesar auf und ab durch das dreigeteilte Gallien gezogen ist, noch den Schlachtenlärm des Gallischen Krieges heraushören.

Das Stammwort sitzt an zweiter Stelle und bedeutet eben »sitzen«: Die lateinische Wurzel *sed-,* nach dem voraufgehenden Kopfstück hier abgeschwächt zu *-sid-,* und das deutsche »sitzen« geben sich leicht als nahe Verwandte in der grossen indoeuropäischen Sprachenfamilie zu erkennen. Ebendieses *sed-* oder dann *-sid-* erscheint im modernen Euro-Wortschatz ja auch in der Berner »Session«, der parlamentarischen Sitzungsperiode, im »Dissidenten«, eigentlich einem »Abgekehrt-Sitzenden«, in dem vorsitzenden »Präsidenten« und in dem Rückzugs- oder Ruhe-Sitz einer »Residenz«.

Mit dem Präfix *sub-,* »hinab-, hinunter-«, kommt das Wort von der respektablen Sitzhöhe eines Präsidentensessels und dem einfachen »sich setzen« zu weniger würdigen Sitzpositionen herunter, zu einem *subsidere* in der Bedeutung »sich hinhocken, hinkauern, hinducken«. Cicero beginnt einen Freundesbrief aus der Provinz einmal mit der Notiz, er habe sich unterwegs zum Schreiben »an der Strasse hingehockt – *subsedi in ipsa via«;* der Historiker Livius berichtet von Kriegselefanten, die im Makedonischen Krieg »auf den Hinterbacken hockend – *clunibus subsidentes«* einen Abhang hinabgerutscht seien.

Die weitere Wortgeschichte führt vollends ins Kriegsgeschehen. Das mit dem Schwanzstück *-ium* gebildete *subsidium,* zu deutsch etwa das »Hingehocke«, bezeichnet sprechend bildhaft eine irgendwo hinter den Schlachtreihen bereitgehaltene »hockende« Reserve, die dann aufspringen und in die Feldschlacht eingreifen soll, wenn »die Sache an die Triarier kommt« und auch diese »dritte Schlachtreihe« nicht mehr standhalten kann. Ähnlich bildlich heisst der heimtückisch hinter Busch und Baum gelegte Hinterhalt im Lateinischen mit einem Pluralwort *insidiae,* »das Hineinsitzen«.

Von diesem dritten Stück schaut in der »Subsidiarität« einzig noch das *-i-* heraus; die weiteren Suffixe treten deutlicher hervor. Da erzeugt zunächst ein *-arius,* im Euro-Wortschatz *-aire, -ary,* -är, ein Adjektiv *subsidiarius* zur Bezeichnung »zur Reserve gehöriger« Truppeneinheiten, und da erzeugt zuletzt ein *-tas,* im Euro-Wortschatz *-té, -ty,* -tät, eine postantike fünfteilige *subsidiaritas,* eigentlich die »Zur-Reserve-Gehörigkeit« im Sinne eines »in Reserve gehaltenen«, nur nötigenfalls angewandten Rechts.

In Reserve gehalten: Das gilt für dieses Wort auch selbst. Der griechischen und lateinischen Wortstämme samt ihren vielerlei Kopfstücken vorneweg und Schwanzstücken hinterdrein ist, wie man so sagt, Legion, und aus dieser unerschöpflichen lexikalischen Reserve ist die »Subsidiarität« nun aufgesprungen, sich präfix- und suffixrasselnd wider alle überhandnehmende Regulierlust in Brüssel, Bern und anderswo für die Eigenständigkeit überschaubarer politischer Gebilde in die Bresche zu werfen.

Symbol

Das griechische Verb *bállein,* »werfen, legen«, hat in unserem Euro-Wortschatz eine kunterbunte Nachkommenschaft, und dies zumeist inkognito. Aus dem Kompositum *parabállein,* »danebenlegen, vergleichen«, ist der Kegelschnitt und die erzählte »Parabel« und daraus wieder alles *parlare, parler* und »Parlieren« hervorgegangen. Und wenn ein religiöses Symbol, griechisch *symbolon,* zu einem »vor uns hingeworfenen« politischen Problem wird und am Ende noch das Parlament beschäftigt, bleibt der Streit samt allen Partei-Parolen und Stammtisch-Palavern ganz in der Familie. Der alles »durcheinanderwerfende« *diábolos,* der »Verleumder«, ist zu einem völlig durcheinandergeratenen »Teufel« geworden. Selbst aus Tells »Armbrust«, wie das mittelalterliche Söldnervolk sich die spätlateinische *arcuballista,* diesen »Bogen- (Pfeil-) werfer«, verdeutschte, schaut in der Mitte noch das Beta dieses alten *bállein* heraus.

Das *symbolon,* von *symbállein,* »zusammenlegen«, ist aus einem Scherbenhaufen in höchste Sphären aufgestiegen. Wenn in der frühen griechischen Welt ein Syrakusaner bei einem Athener einkehrte, mochten die Gastfreunde wie zur Begrüssung Geschenke, so zum Abschied *symbola,* wörtlich: »Zusammenleg-Stücke«, tauschen. Dazu brach man eine Tonscherbe entzwei; ein Bruchstück behielt der Gastgeber, eines nahm der Gast mit, und wenn später ein Sohn oder ein Freund die Gastfreundschaft erneuerte, konnte er sich mit diesem passgenau passenden *symbolon* zweifelsfrei ausweisen. Herodot erzählt von einem solchen Fall; da bringt ein reicher Milesier die Hälfte seines Vermögens in Sparta in Sicherheit: »Nimm diese Summe entgegen«, instruiert er den Empfänger, »und dazu diese *symbola* und verwahre sie gut; und wer die vorweist und das Depositum zurückfordert, dem gib es heraus!«

In Platons »Symposion«, in der Rede des Aristophanes, sind diese *symbola* zum Bild eines dreigeschlechtlichen Eros geworden. Ursprünglich, so die phantastische Mythenerfindung, hätten die Menschen zwei Gesichter, vier Arme und vier Beine und entweder zwiefach männliches oder zwiefach weibliches oder ein mann-weibliches Geschlecht gehabt, bis Zeus diese übermächtigen »ganzen« Menschenwesen im Unmut über ihre Himmelsstürmerei kurzerhand entzweigeschnitten habe. Derart mittendurch halbiert seien wir Menschen damals allesamt sozusagen zu lebenden *symbola* geworden, mit nurmehr einem Gesicht, zwei Armen und zwei Beinen und nur noch einem entweder männlichen oder weiblichen Geschlecht. Seither suche nun jedes solche »halbe« Menschenwesen das vormals ihm zugehörige männliche oder weibliche *symbolon*, um sich mit diesem gleichen oder anderen Geschlecht wieder zu dem vormaligen Ganzen zu vereinigen.

In der Antike konnte dieses *symbolon* noch mancherlei Urkunden, im Plural auch einen Staatsvertrag bezeichnen. Aber einzig in der Ursprungsbedeutung eines Erkennungszeichens ist das Wort über das Wortsymbol des Glaubensbekenntnisses und frühchristliche Bildsymbole wie das der Taube oder des Ankers, des Lamms oder des Fisches in das spätantike Kirchenlatein und dann in die neuen Sprachen eingegangen. Die Bildlichkeit der entzweigebrochenen und wieder zusammengefügten Tonscherben ist freilich längst vergessen. Heute reicht die Bedeutungsskala des »Symbols« von sinnträchtigen religiösen Symbolen wie dem Kreuzeszeichen bis zu allerlei typographischen Spezialzeichen wie dem @-»Symbol« in der Mailadresse hinab, und bei einer lediglich »symbolischen« Geste und einer fruchtlosen »Symbolpolitik« ist es mit der einstigen Passgenauigkeit nicht mehr weit her.

Sympathie

»Zwei Segel erhellend die tiefblaue Bucht! / Zwei Segel sich schwellend zu ruhiger Flucht! / Wie eins in den Winden sich wölbt und bewegt, / wird auch das Empfinden des andern erregt. / Begehrt eins zu hasten, das andre geht schnell, / verlangt eins zu rasten, ruht auch sein Gesell.« Das Liebesgedicht Conrad Ferdinand Meyers ist nicht »Sympathie«, sondern »Zwei Segel« überschrieben; aber das Bild dieser beiden im Wechsel der Winde sich wölbenden, bewegenden, »empfindenden« Segel ist aufs Schönste dazu angetan, die in unserem Sprachgebrauch arg verblasste altgriechische »Sympathie« wieder zum Leuchten zu bringen.

Am Anfang steht hier ein griechisches *páthos,* das sich in unserem Fremdwortschatz samt der alten Endung prägefrisch erhalten hat. Das hohe »Pathos«, wie wir es verstehen, ist neuerdings in Misskredit gekommen; ein Politiker, der sich im Wahlkampf zu leidenschaftlichem Pathos versteigt, erregt damit eher Antipathie als Sympathie. Das Misstrauen gegenüber den rhetorischen Künsten hat alles Pathetische, das »echte« wie das »falsche« Pathos, in Mitleidenschaft gezogen, und mit all dem sind wir unversehens mitten in diese griechisch-lateinisch-deutsche Wortgeschichte hineingeraten.

Das griechische Verb *pás-chein* oder *patheín,* im Schulvokabular »leiden«, bedeutet allgemein »eine Einwirkung erfahren, erleiden«, das *páthos* bezeichnet ursprünglich allgemein eine solche »Einwirkung«, etwa einen Sinneseindruck, besonders ein »Erleiden« und eine »Krankheit« – daher die »Pathologie« –, und schliesslich einen starken Affekt. Liebe und Hass, Zorn und Furcht verstand die Antike nicht als Regungen, die in uns aufkommen, sondern umgekehrt als Gewalten, die über uns kommen, die uns überkommen. Wie im Mythos der geflügelte Liebesgott Eros alias

Amor mit seinen Pfeilen, so steht in der Sprache das griechische *páthos* für dieses »Erleiden« eines Affekts; der lateinische »Affekt« bezeichnet buchstäblich etwas derart uns »Angetanes«.

Neben dem griechischen *pás-chein* steht das sprachverwandte lateinische *pati,* »erleiden, erdulden«, das im »Patienten« fortlebt, neben dem griechischen *páthos* entsprechend die lateinische *passio,* »Leiden, Leidenschaft«, die uns durch die »Passion« vertraut ist. So ist das alte Wort in drei Sprachen und dreierlei Bedeutung im Deutschen geläufig geworden: einmal prägefrisch griechisch im »Pathos« und im »pathetischen« Reden, sodann lateinisch in der »Passion« und dem »passionierten« Patience-Spieler und schliesslich in der Lehnübersetzung »Leidenschaft« und der Verdoppelung eines »leidenschaftlichen« Pathos.

Auch die *sympátheia,* das »Mit-Erleiden, Mit-Empfinden«, ist in dreierlei Gestalt zu uns gelangt: geradewegs in der »Sympathie« mit dem Gegenbegriff der »Antipathie« und dann über eine spätlateinische *compassio* in zwei verschieden gebrauchten Lehnübersetzungen: im »Mitleid«, das einer erregt oder empfindet, und in der Wendung »in Mitleidenschaft ziehen«. Wo wir heute von psycho-somatischen Krankheitserscheinungen sprechen, sprach die griechische Medizin von einer *sympátheia* der Art, dass Seele und Körper einander wechselseitig in »Mitleidenschaft« ziehen. Und wo wir heute von Resonanz, wortwörtlich »Widerhall«, sprechen, sprach die griechische Physik von einer *sympátheia* in dem Sinne, dass klingende Saiten oder tönende Bronzen einander wechselseitig »mitschwingen, mitklingen« lassen. In einem so saloppen wie präzisen Bild können wir heute erklären, zwei Menschen hätten »die gleiche Wellenlänge«. Da begegnen das alte Wort und das neue Bild einander selbst in »Sympathie«.

So verstanden, präsentiert sich die menschliche »Sympathie«, gewiss das sympathischste Mitglied dieser ganzen Wortfamilie, als eine seelische Gleichgestimmtheit, in der zwei Menschen wie jene in den Winden bewegten, erregten Segel in schönem Einklang jeweils Mit-Liebe und Mit-Hass, Mit-Zorn und Mit-Furcht, Mit-Freude und Mit-Leiden empfinden. Was wiegt dagegen selbst eine »volle, uneingeschränkte Sympathie« für diese oder jene Person oder Sache? Was ist dagegen, wie wir so geläufig sagen, eine »sympathische Person« oder eine »sympathische Geste«?

Symptom

Wer einem Krankheits- oder sonst einem Krisen-»Symptom« mit philologischem Sezierbesteck zu Leibe rückt, erhält zunächst eine entmutigende Prognose. Das griechische Kopfstück *sym-* bedeutet bekanntermassen »zusammen-«, und wer dann noch in einem Handwörterbuch wie dem Oxforder »Greek-English Lexicon« von Liddell und Scott unter dem Stichwort *ptóma* nachschlägt, findet dort als Erstes: »Fall, Sturz« (einer Stadt, eines Kämpfers)«, als Zweites: »hingestreckter Leichnam«, als Drittes: »Ruine (eines Hauses, einer Mauer)«, als Viertes: »Schuld, die zur Zahlung fällig wird«. Deutet ein »Symptom« dann gleich auf Sturz, Zusammenbruch und Verfallsdatum?

Ja, aber nur nebenher, wie wir's hier überhaupt mit dem »Nebenher« zu tun haben. So, wie das *symptoma* zum Fachbegriff der Medizin geworden ist, meint das von dem Verb *sympíptein,* »zusammenfallen«, abgeleitete Wort nicht das krachende Zusammenfallen, mit dem ein Haus in sich zusammenfällt, sondern das bildliche, das wir nach der lateinischen Lehnübersetzung *accidere,* »zufallen«, mit einer weiteren Lehnübersetzung »Zufall« nennen: Da fallen zwei Ereignisse am gleichen Ort und zur gleichen Zeit zusammen wie in dem klassischen Exempel von dem Dachziegel, der irgendwo, irgendwann herunterfällt, und dem Passanten, der da zufällig vorüberkommt.

Soweit bezeichnet dieses *symptoma* allgemein etwas, das uns so oder so »zufällt«, im glücklichen Fall in den Schoss oder im unglücklichen Fall auf den Kopf. Der weitere Weg des Wortes führt über die wissenschaftliche Terminologie. In seiner Zoologie hatte Aristoteles den spezifischen, »die einzelne Art ausmachenden« Merkmalen die besonderen Merkmale eines Individuums – wie beim Menschen etwa die Augenfarbe – gegenübergestellt und diese mit einem von ihm neu geprägten Terminus als *symbebekóta,* wörtlich: »nebenher gehende, beiläufige« Eigenschaften bezeichnet. Und im Anschluss an diese Begriffsprägung hat Epikur diesen beständig einer Sache zugehörigen *symbebekóta* wiederum die lediglich vorübergehend einem lebenden Wesen oder einer Sache zukommenden Erscheinungen zur Seite gestellt und diese mit einem speziellen Wortgebrauch als *symptómata,* wörtlich: »nebenher zufallende« Erscheinungen bezeichnet.

Die Aristotelischen *symbebekóta* haben den Weg in die neuen Sprachen nicht gefunden; die Epikureischen *symptómata* sind über die Medizin in unseren Euro-Wortschatz eingegangen. Im 3. Jahrhundert v. Chr. hat die Ärzteschule der »Empiriker«, die ihre Lehre ausschliesslich auf eigene und überlieferte Erfahrung stützte, den Begriff des »Symptoms« in die Medizin eingeführt und ein genaues Regelwerk für die Beobachtung und Beurteilung solcher »symptomatischer« Krankheitsanzeichen – wie von Fieber oder Schmerzen, einer Rötung oder einer Schwellung – entwickelt. Es leuchtet ein, wie praktisch die begriffliche Unterscheidung unbedenklicher individueller Besonderheiten und krankheitsbedingter neu hinzutretender Veränderungen, eben dieser vorübergehend »nebenher zufallenden« Symptome, der Medizin zupass kam.

Im Gefolge dieses *symptoma* ist damals auch die *syndromé,* wörtlich: der »Zusammenlauf« mehrerer Krankheitssymptome, zu einem medizinischen Terminus geworden. Ein Symptom kommt selten allein, und eines allein besagt noch nichts; erst aus der jeweils verschiedenen *syndromé* der Symptome, wie es einmal bei dem grossen Arzt Galenos heisst, ihrer verschiedenen Art, ihrem Grad, auch dem Zeitpunkt und der Folge ihres Auftretens, suchte diese griechische »Erfahrungsmedizin« ihre Rückschlüsse auf Diagnose und Therapie zu ziehen.

Da haben wir des Pudels Kern: durchaus kein Sturz, kein Zusammenbruch, kein Verfallsdatum, vielmehr das Gegenteil. Jedes einzelne dieser »nebenher zugefallenen« Krankheitssymptome wie Halsweh oder Bauchschmerzen, Rötung oder Schwellung, Fieber oder Schüttelfrost deutet ja schon von der Begriffsgeschichte her aufs Vorübergehen und Wieder-Verschwinden, und so erst recht dieses ganze »Syndrom der Symptome«: Alle diese dem Kranken »zugefallenen« Symptome und wer weiss woher »zugelaufenen« Syndrome sollten doch, wenn sie halten, was sie sagen, über kurz oder lang wieder von ihm abfallen und sich wer weiss wohin wieder verlaufen!

Synergie

»Mögen die Götter dir geben, soviel du von Herzen dir wünschest: Mann und Haus, und sie mögen euch löbliche Eintracht bescheren. Denn man findet ja nichts, was grösser und besser als dieses: dass einträchtigen Sinnes zusammen das Hauswesen führen Mann und Frau – sehr zum Ärger den Üblen, den freundlich Gesinnten stets zur Freude, am meisten erfahren es aber sie selber.« Das wünscht der schiffbrüchig an der Insel der Phäaken gestrandete Odysseus der Königstochter Nausikaa, die just in der Nacht zuvor von ihrer nahen Heirat geträumt hatte und darum mit ihren Mägden zum Waschen an den Strand gekommen war. Es ist der erste und der schönste Hochzeitswunsch des alten Europa.

Die gleiche alte Sprache dieses nun dreimal dreimal drei Jahrhunderte alten Segenswunsches für das einträchtige Haushalten im Kleinsten hat der Wirtschaft von heute ein griechisch-edles Wort für das einträchtige, einträgliche Haushalten im Grossen und Grössten geliefert: die »Synergie«. Wo heute von einer gelungenen Fusion, der »Verschmelzung«, zweier Unternehmen die Rede ist, kommen unfehlbar die dabei gewonnenen »Synergien« gleich hinterdrein, und die immer gleich im Plural: Eine Synergie kommt selten allein. Und da gilt allemal der entsprechende Effekt: sehr zum Ärger den Konkurrenten, den Aktionären stets zur Freude, »am meisten erfahren es aber sie selber«.

»Synergie«: Darin hat sich das Präfix *syn-*, »zusammen-«, mit der Wortwurzel *(w)erg-* verbunden, die sprachverwandt »werken, Werk« bedeutet; die »Synergie«, griechisch *synergía* oder *synérgeia,* bezeichnet ein »Zusammenwerken«, ein »Zusammenwirken«. Im »Chirurgen«, dem »Handwerker« unter den Ärzten, tritt die alte Wurzel nur verdeckt ans Licht; in den jüngst synthetisierten Kunstwörtern »Ergonomie« und »Ergotherapie« liegt das Grundwort *érgon,* »Werk«, klar zutage. Die »Energie«, griechisch *enérgeia,* »Am-Werke-Sein, Tätigkeit«, eine Prägung des Aristoteles, ist heute weltweit allgegenwärtig: als Grundbegriff der Naturwissenschaft, als Leitwort menschlicher Lebenskraft und neuerdings noch als Hieb- und Stichwort im umweltpolitischen Diskurs.

Die »Synergie« erscheint erstmals in einer unter dem Namen des Aristoteles überlieferten wirtschaftswissenschaftlichen Schrift. Danach begegnet sie in der Antike nur noch ganz vereinzelt; auch im Fachwortschatz der Neuzeit figuriert sie zunächst nur am Rande. Die 20bändige Brockhaus-Enzyklopädie von 1966ff. gibt ihr vier Zeilen und nennt als Beispiel das »Zusammenspiel von Muskeln«.

Erst die Muskelspiele globaler Konzerne haben dem fast vergessenen Wort neue Bedeutung verschafft. Aber wohin sind wir da geraten? Von dem Hochzeitswunsch des Odysseus und dem Heiratstraum der Nausikaa zu den Elefanten-»Hochzeiten« und den Synergie-Träumen der Konzernchefs von heute – sind wir hier, von diesem wirkungsmächtigen *(w)erg-* weitab verschlagen, selbst zu Irrfahrern im Wörtermeer geworden?

Weitab verschlagen ja, aber doch nicht in die Irre: Jener erste Auftritt der griechischen *synergía* in den Aristotelischen Schriften gilt eben der einträchtigen Hauswirtschaft von Mann und Frau. Weder könne, so heisst es da superkorrekt, das männliche Geschlecht ohne das weibliche noch das weibliche Geschlecht ohne das männliche das für die Lebensführung Notwendige leisten. Und weiter: Beim vernunft- und sprachbegabten Menschen träten diese wechselseitigen Hilfeleistungen und »Synergien« am eindrücklichsten in Erscheinung, und bei ihm dienten diese Synergien nicht nur dem blossen Überleben, sondern einem menschengemäss sinnerfüllten Leben. Ja, aber hatte der alte Odysseus das damals nicht viel schöner gesagt?

Text

»Zwar ist's mit der Gedankenfabrik / wie mit einem Weber-Meisterstück, / wo *ein* Tritt tausend Fäden regt, / die Schifflein herüber hinüber schiessen, / die Fäden ungesehen fliessen, / *ein* Schlag tausend Verbindungen schlägt ...« So empfiehlt Mephistopheles »in Fausts langem Kleide« dem schüchternen Erstsemester zunächst einmal das klassische Collegium Logicum mit seinem festen Gefüge von »vorausgeschickten« Prämissen und daraus »erschlossenen« Konklusionen. Wer heute diese Verse aus Goethes poetischem Studienführer vor Augen bekommt, könnte leicht meinen, sie deuteten auf ein allerjüngstes Collegium Neurophysiologicum mit seinem unentwirrbaren Gewebe von verzweigten Neuronen und »verbindenden« Synapsen.

Unsere »Gedankenfabrik« eine klappernde, ratternde Weberwerkstatt, ein Text wie diese Wortgeschichte ein vielfarbiges Gewebe aus Kette und Schuss: Das handwerkliche Bild ist in der Spätantike aufgekommen und seither unter dem bildhaften Wort »Text« so »selbstverständlich« geworden, dass wir das Bild im Wort gar nicht mehr wahrnehmen, dass wir unter einem »Text« nichts weiter als eine Folge alphanumerischer Zeichen verstehen. So viele tausend Fäden ein Tritt da auch regt, so viele Verbindungen ein Schlag da auch schlägt: Zwischen den »Texten«, die der Werbetexter für die neue Sommerkollektion textet, und ebendiesen »Textilien« schiesst in unserem Sprachzentrum kein flinkes Gedankenschifflein mehr hinüber und herüber.

Die drei reissfesten Kettfäden, die hier aus dem alten Latein über zwei, drei Jahrtausende bis in die neuen Sprachen durchlaufen, sind zunächst das Verb *texere,* »weben, flechten«, mit dem Partizip Perfekt Passiv *textus,* »gewoben, geflochten«, sodann das Substantiv *textus* mit dem lang auslautenden Genitiv *textus,* »Gewebe, Geflecht«, das in unserem Euro-Wortschatz einzig noch in der vom Stofflichen aufs Sprachliche übertragenen Bedeutung fortlebt, und schliesslich das Adjektiv *textilis,* »gewoben, geflochten«, dessen Neutrum Plural *textilia* zu unseren »Textilien« und in der Fachsprache der Branche zu einer Vielzahl von »Textil«-Komposita geführt hat.

Soweit wir sehen, hat der grosse Webermeister Cicero als erster zunächst das Verb *texere* vereinzelt aufs Schreiben übertragen. Anders als eine gerichtliche oder politische Rede, bemerkt er in einem Freundesbrief, »pflegen wir Briefe mit alltäglichen Worten, in alltäglicher Sprache zu weben – *texere solemus*«. Ein Jahrhundert später hat der Star-Rhetor Quintilian dann auch das Substantiv *textus* einmal auf den fortlaufenden »Text« eines Satzgefüges im Gegensatz zu ihrem kunstvoll rhythmisierten Abschluss bezogen. Mehrfach und schon ganz geläufig erscheint die Übertragung in der spätantiken Zeitgeschichte des Ammianus Marcellinus. Die wiederholte Wendung »Hier müssen wir wieder zum *textus* zurückkehren«, mit der Ammianus Marcellinus sich von einer Abschweifung zum Hauptstrang der Darstellung zurückruft, wirft ein Licht auf den Vergleichspunkt: Es ist der fortlaufende, festgefügte Zusammenhang der Gedanken und Bezüge, der den Text zum »Text« gemacht hat.

In den anderthalb Jahrtausenden seither ist alles Geschriebene zum »Text« geworden, und wie im allgemeinen von der elektronischen Datenverarbeitung so sprechen wir heute im besonderen von einer elektronischen Textverarbeitung. Wer will, mag sich jetzt von der klappernden Tastatur nostalgisch an den klappernden, ratternden Webstuhl, von der unermüdlich hin und her laufenden Maus an jene »herüber hinüber« schiessenden Weberschifflein erinnern lassen. Aber jedenfalls können wir textenden Texter uns freuen, dass die Sprache mit ihrer so ungleichen, ungerechten Einschätzung des Spinners und seiner Spinnerei auf der einen und des Webers und seiner Weberei auf der anderen Seite uns doch den besseren Teil zugehalten hat.

Trophäe

Ganz gleich, welches Land am Ende die Siegestrophäe eines Fussball-Finalspiels am Ende davonträgt: Mit dem silberfarbenen Pokal sind die Griechen in jedem Fall dabei, und das sogar dreifach: Seine Gestalt ist die einer zweihenkligen griechischen Amphore, eines »beidseits getragenen« *amphoreús;* hinter dem »Pokal« steht eine dickbauchige, enghalsige griechische *baúkalis,* ein tönerner oder gläserner Weinkühler, wie man ihn mit Eis gefüllt im Weinkessel – oder mit Wein gefüllt im Eiswasser – schwimmen liess, und hinter der »Trophäe« steht ein griechisches *trópaion,* wörtlich: ein »Wende-Mal«, im klassischen Latein *tropaeum* – das griechische »ph« in der »Trophäe« ist ein erst später aufgesetztes Glanzlicht.

Die Trophäe ein »Wende-Mal«? Das von dem Verb *trépein,* »wenden«, abgeleitete *trópaion* erinnert an die unter schwergerüsteten »Hopliten« ausgefochtenen Feldschlachten der klassischen griechischen Zeit. Das Wort bezeichnete das auf dem Schlachtfeld an der Stelle aufgestellte Siegeszeichen, an dem die Phalanx der Sieger die der Verlierer buchstäblich »aus dem Feld« und in die Flucht geschlagen oder, wie die Griechen sagten, »in die Flucht gewendet« hatte. Von einer Verfolgung und Vernichtung der Fliehenden nahmen die Griechen damals noch Abstand; Sieger war, wer nach geschlagener Schlacht das Schlachtfeld behauptete und darauf – sozusagen zur dauerhaften Beglaubigung des Sieges – sein *trópaion* aufzustellen vermochte.

Ursprünglich stellte dieses »Wende-Mal« einen schwergerüsteten Krieger vor Augen, wie sie dort in den Kampf gezogen waren: Ein Baum wurde auf Kopfhöhe abgehauen oder sonst ein Pfahl in den Boden gerammt und daran auf Schulterhöhe ein Querholz angenagelt, und dann wurde das derart zurechtgezimmerte Mannsbild mit allerlei erbeuteten Rüstungsstücken grauslich drapiert: Obenauf wurde ein Helm mit flatterndem Helmbusch über den Baumstumpf gestülpt, auf Brusthöhe ein Brustpanzer, auf Kniehöhe ein Paar Beinschienen befestigt, halbhoch ein zerbeulter, durchbohrter Schild davorgehängt. Einen Schlachtenbummler, der später die Stätte besuchte, mochte angesichts eines solchen Geisterkriegers noch das kalte Grauen des blutigen Kämpfens und vielfachen Sterbens überkommen.

Diese Siegesmale haben nicht allzu lange im Wortsinn »Stand« gehalten. In Diodors Geschichtswerk lässt sich ein Syrakusaner namens Nikolaos dazu aus: Unter Griechen, mahnt er, solle man die Feindschaft nicht über den Sieg hinaus treiben und Vergeltung nicht über die Niederwerfung der Feinde hinaus üben; der Sieger solle sich vielmehr die Mahnworte der alten Weisen zurufen: Mensch, denke nicht gross von dir! Erkenne dich selbst! Sieh, dass die Glücksgöttin Tyche über alle gleicherweise Herr ist! »Warum haben denn unsere Vorfahren«, ruft er schliesslich aus, »ihre Siegesmale nicht aus Stein, sondern bloss aus Holz errichtet? Doch darum, dass diese Male alter Feindschaft nur kurze Zeit bestehen blieben und bald wieder verschwänden!«

Von der *baúkalis* zum *boccale* und weiter zum »Pokal«; vom *trópaion* zum *tropaeum* und weiter zur »Trophäe«: Wie der Fussball zugespielte und abgefälschte Bälle, so kennt die Sprache zugespielte und abgefälschte Wörter. In der frühen Neuzeit hat die Sprache jene griechische *baúkalis,* italienisch *boccale,* »Becher«, dem gleichbedeutenden lateinischen *poculum* zugespielt und in der Lautgestalt eines »Pokals« zum Lexikonnachbarn des »Pokulierens« werden lassen – so konnte man sich bei dem Wort doch wieder etwas Bezügliches denken. Und irgendwann zwischen Antike und Mittelalter hat die Sprache dieses griechische *trópaion,* im klassischen Latein *tropaeum,* zu einem angehauchten *trophaeum* abgefälscht – so kann diese silberglänzende »Trophäe« beim Finale nun auch mit einem griechisch-glänzenden »ph« im Namen glänzen.

Virtuell

Nehmen wir einen Augenblick die reale VR-Brille von der Nase und setzen wir uns dafür eine virtuelle Etymo-Brille auf! Wenn wir so gerüstet auf die »Virtuelle Realität« selbst schauen, belebt sich die Szene auf das Merkwürdigste: Da verwandelt sich die neu-weltsprachliche »Virtual Reality« in eine alt-weltsprachliche *virtualis realitas,* und da wirft das erste Wort *virtualis* seinen zappelnden Schwanz ab und steigt in der edlen altrömischen Frauengestalt einer *Virtus* auf einen hohen Statuensockel. Und läuft da nicht links am Rand noch eine Mannsperson ins Bild? VR-freudige feministische Sprachpuristinnen seien gewarnt: Weiterlesen könnte ihnen den Spass verderben.

In seiner »Nikomachischen Ethik« beschreibt Aristoteles die »Tugend«, griechisch *areté,* wörtlich »Bestheit«, als ein zur festen Eigenschaft gewordenes Verhalten. Da gilt »Learning by doing«: »Was wir zu tun lernen müssen, das lernen wir, indem wir es tun: Die Baumeister werden Baumeister, indem sie Häuser bauen, die Kitharaspieler werden Kitharaspieler, indem sie Kithara spielen, und geradeso werden wir, indem wir gerecht handeln, gerecht, indem wir besonnen handeln, besonnen, indem wir tapfer handeln, tapfer.« Wir werden damit gerecht, besonnen und tapfer, und wir sind es damit fortan, auch wenn diese Tugenden uns gerade nicht abgefordert werden. Wir sind dann sozusagen – mit dem Aristotelischen Begriff – »potentiell« gerecht, besonnen und tapfer: Wir würden jederzeit im Sinne dieser Tugenden handeln, wenn diese Tugenden uns irgendwann abgefordert würden.

Mit der Einbürgerung der griechischen Philosophie in Rom sind viele ihrer Leitbegriffe ins Lateinische übergegangen. Nicht so die von dem Superlativ *áristos,* »der beste«, abgeleitete *areté,* die neben der sittlichen »Tugend« auch die »Bestheit« etwa eines Auges, eines Pferdes oder eines Werkzeugs bezeichnen konnte. Für den hohen Leitbegriff der »Tugend« haben die Römer an einem altrömischen Wort festgehalten: an der von *vir,* »Mann«, abgeleiteten *virtus,* wörtlich: »Mannestum«. Ursprünglich galt das Wort tatsächlich den im Frieden auf dem Forum und im Krieg auf dem Schlachtfeld bewährten Mannestugenden; doch in der Folge, zumal im ethischen Diskurs, sollte dieses lateinische Manns-Wort nun jegliche sittliche Tugend als eine »Mannestugend« ansprechen. Schwer zu sagen, wie vernehmlich: In einem Freundesbrief rühmt Cicero seine Tochter Tullia für die »bewundernswerte Tugend – *mirifica virtus*«, mit der sie die politische Katastrophe des Bürgerkrieges trage. Meint er pointiert: »mit bewundernswerter Mannhaftigkeit«? Immerhin ist diese *virtus* mit dem Genitiv *virtutis* selbst weiblichen Geschlechts und stellt sich die früh vergöttlichte *Virtus* als eine jugendliche Frauengestalt dar.

In der Antike ist aus der *virtus* kein Adjektiv hervorgegangen. Erst im Mittelalter hat sich zu einem kirchenväterlichen *potentialis* mit dem Adverb *potentialiter* in einem nah verwandten Sinn ein scholastisches *virtualis* mit dem Adverb *virtualiter* gesellt. Ein Ei ist *potentialiter,* »potentiell, möglicherweise, der in ihm angelegten Möglichkeit nach«, ein Huhn, insofern sich daraus mit der Zeit ein Huhn entwickeln kann; der Tapfere ist *virtualiter,* »virtuell, tugendlicherweise, der ihm zu eigen gewordenen Tugend nach« tapfer, insofern er gegebenenfalls jederzeit tapfer handeln wird. Das Huhn im Ei, die Tapferkeit im Tapferen: das sind sozusagen »virtuelle«, verborgene, noch unwirkliche Wirklichkeiten, die erst zu ihrer Zeit zum Werken und Wirken, zum Eierlegen und zum Dreinschlagen kommen. Auch dieses »Virtuelle« selbst ist ja viele Jahrhunderte lang solch eine verborgene Wirklichkeit geblieben, bis es jüngst in der Zauberwelt des Cyberspace mächtig zu Wort gekommen ist.

Gibt es da, gleich neben der »Virtualität«, nicht auch noch eine »Virtuosität«? Allerdings, und auch da läuft uns wieder diese alte Mannsperson ins Bild. Aber setzen wir die virtuelle Etymo-Brille jetzt besser ab: Mit derart »mannestumsvollen, mannestumsreichen« Virtuosinnen wollen wir den Sprachpuristinnen und -puristen nicht auch noch die Freude am Konzert verderben.

Zynisch

Die alten Akademiker hatten ihren Zunftnamen von dem Heiligtum des attischen Heros Akademos auf dem Grund und Boden der Platonischen Schule, die Aristotelischen Peripatetiker von der Gepflogenheit des Dozierens im *peripateín,* im »Auf-und-Ab-Gehen«, und dem *perípatos,* ihrer »Wandelhalle«, die Stoiker von der *stoá,* ihrer »Säulenhalle«, die Kyniker ursprünglich allenfalls von einem Gymnasion mit dem Namen Kynosarges, dann aber geläufig von dem Erzkyniker Diogenes und seinem Spitznamen *kyon,* der »Hund«.

Der späte Philosophen-Biograph Diogenes Laërtios erklärt den Schimpfnamen seines alten Namensvetters in schicklicher Verhüllung: »Er pflegte alles in der Öffentlichkeit zu verrichten, sowohl die Werke der Korngöttin Demeter als auch die der Liebesgöttin Aphrodite.« Zu den »Werken der Korngöttin« ist anzumerken, dass damals auch der Input auf offener Strasse als ausgesprochen unfein galt. »Als Diogenes einmal mitten auf dem Marktplatz sein Picknick auspackte, riefen die Umstehenden ihm fortwährend zu: ›Du Hund! Du Hund!‹ ›Ihr selbst‹, rief er zurück, ›seid die Hunde, wie ihr mich hier beim Essen umlagert!‹« Diogenes verstand es meisterhaft, den Spiess umzudrehen und die Lacher auf seine Seite zu bringen. Eine andere Anekdote lässt ihn den Spott in hündischer Währung heimzahlen: »Bei einem Essen warfen einige der Gäste dem Diogenes ihre abgenagten Knochen zu, geradeso wie einem Hund. Ohne einen Augenblick zu zögern, sprang der auf, hob das Bein und pisste sie an, geradeso wie ein Hund.«

Die zur Schau getragene Bedürfnislosigkeit, eine Verkehrung der gelassen ertragenen Sokratischen Armut, hatte Diogenes von dem Sokratesjünger Antisthenes übernommen; die berüchtigte hündische Schamlosigkeit und eine gehörige Portion rotzfrecher Unverschämtheit hatte der notorische Bürgerschreck aus Eigenem hinzugetan. Bekannt ist die feine Szene, in welcher der Meister des Strassentheaters am helllichten Tag mit einer brennenden Laterne herumgeht, bis einer ihn anspricht, um darauf zu erklären: »Ich suche einen Menschen.« Es konnte auch gröber kommen: »Ein andermal rief Diogenes laut über den Markt: ›He, Menschen!‹ Als sie herbeigelaufen kamen, schlug er mit seinem Knotenstock drein und herrschte sie an: ›Menschen habe ich gerufen, keine Rotze!‹«

Mochte da anfangs auch der Name des – minderen – Gymnasions Kynosarges hineingespielt haben, wo Antisthenes lehrte, so deutete die Bezeichnung *kynikós,* »Kyniker«, später doch eindeutig auf den Erz-»Hund« Diogenes und die bald zahlreiche bettelnde, kläffende, bissige Meute in seinem Gefolge. Von der »hündischen« Aufführung des alten Diogenes ist da längst nichts mehr herauszuhören, und der Lautwandel des lateinischen »c« vor hellem Vokal in der Spätantike hat das »Kynische« und das »Zynische« in der Neuzeit weit getrennte Wege gehen lassen. Gegenüber einem krass unmenschlichen, Menschenwürde und Menschenleben verachtenden »Zynismus« ist jenes grobschlächtige kynische Strassentheater mit dem Knotenstock ja noch eine vergleichsweise menschenfreundliche Inszenierung.

Apropos »un-menschlich«: Eine entsprechende griechische Wortbildung – *ap-ánthropos,* »abseits des Menschlichen« – begegnet in der klassischen Antike nur vereinzelt. Der römische Kaiser Marc Aurel hat sie in seinen Worten »An sich selbst« eingesetzt, um mit der besonderen Prägung nicht so sehr vor den Unmenschen als vielmehr vor ihrer Unmenschlichkeit zu warnen: »Sieh zu, dass du gegenüber den Unmenschen nicht das Gleiche empfindest wie die Unmenschen gegenüber den Menschen.«

Stellennachweise

S. 13 Algorithmus: Alexander de Villa Dei, Carmen de Algorismo, Vers 1 ff. – Roms sprechende Steine. Inschriften aus zwei Jahrtausenden, gesammelt, übersetzt und erläutert von Klaus Bartels, 5., durchgesehene Auflage, Darmstadt 2018, Nr. 4.19

S. 15 Ambitionen: Cicero, Briefe an Atticus 1, 1, 1 – Quintus Tullius Cicero, Commentariolus petitionis 41 f.

S. 17 Ampel: Cicero, Briefe an Freunde 12, 15, 2; vgl. Livius 21, 63, 3 – Petron 78, 3

S. 19 Armbrust: *arcuballista:* Vegetius, Epitoma rei militaris 2, 15

S. 21 Arzt: Homer, Ilias 11, 514

S. 23 Authentisch: Herodot 1, 117, 3 – Euripides, Hiketiden 399 und 442 – Cicero, Briefe an Atticus 9, 14, 2

S. 25 Autonom: Homer, Ilias 5, 748 f. – *autónomos:* Herodot 1, 96, 1 – Homer, Ilias 18, 373 ff.

S. 30 Biometrie: *biologikós:* Suidas (Suda) unter Philistion

S. 32 Börse: Herodot 3, 110

S. 34 Bravo!: Homer, Ilias, 2, 867 – Aristoteles, Politik 1, 2. 1252 b 8 f. mit Bezug auf Euripides, Iphigenie in Aulis 1400 f.

S. 36 Champions: Seneca, Briefe an Lucilius 108, 29 – Horaz, Oden 1, 9, 13 und 18 ff.

S. 38 Computer: Plautus, Miles gloriosus 204 – Plinius d. J., Briefe 2, 20, 3 – Cato, De agricultura 32, 1 und 44 – Varro, De lingua Latina 6, 63 – Seneca, Briefe an Lucilius 87, 5

S. 40 Cyber-War: Terenz, Eunuchus 1046 – Cicero, De oratore 1, 38

S. 44 Design: Cicero, Zweite Rede gegen Verres 5, 36 – Ovid, Metamorphosen 6, 103

S. 46 Dialog: Platon, Apologie des Sokrates 38 a – Platon, Protagoras 335 d – Epikur, Vatikanische Spruchsammlung 74

S. 48 Digital: Plautus, Miles gloriosus 204 – Plinius d. J., Briefe 2, 20, 2 f. – Cicero, Briefe an Atticus 5, 21, 13 – Seneca, Briefe an Lucilius 88, 10

S. 50 e-: Homer, Ilias 6, 513 und 19, 398 – Platon, Timaios 80 c – Euripides, Oineus, Fragment 567 Nauck; vgl. Platon, Ion 533 d

S. 52 Energie: Heraklit, Fragment B 123 Diels-Kranz – Goethe, Epirrhema, Vers 6

S. 54 Esoterik: Lukian, Vitarum auctio 26

S. 56 Examen: Vergil, Aeneis 12, 725 f. – Augustin, De sancta virginitate 47

S. 58 Gastronomie: Athenaios, Deipnosophisten 1, 4 e und 2, 56 c; 3, 104 b und 7, 278 b

S. 61 Hybrid: Plinius d. Ä., Naturgeschichte 8, 213

S. 63 Individuell: Cicero, De finibus bonorum et malorum 1, 17 und De natura deorum 2, 93 f. – Platon, Theaitetos 182 a

S. 65 Integration: Terenz, Andria 555

S. 69 Kanapee: Herodot 2, 95, 1 ff. – Septuaginta, Judith 10, 21 und 13, 9 – Horaz, Epoden 9, 15 f. – Properz, Elegien 3, 11, 39 ff.

S. 74 Kartell: Plinius d. Ä., Naturgeschichte 13, 74 ff.

S. 76 Kater: Aristoteles, De partibus animalium 2, 7. 652 b 36 ff.

S. 78 Kontakt: Livius 25, 26, 8

S. 80 Laune: Lukian, Ikaromenippos 20 f., in der Übersetzung von Christoph Martin Wieland – Carmina Burana 17, 1 ff.

S. 85 Maschine: Goethe, Wilhelm Meisters Wanderjahre, 3. Buch, 13. Kapitel – *méchos:* Homer, Ilias 2, 342 – *mechané:* Hesiod, Theogonie 146 – Aischylos, Perser 114 und 722 – Herodot 2, 125, 2 ff. – Der Bühnenkran: Platon, Kleitophon 407 a und Kratylos 425 d – Vergil, Aeneis 2, 43 ff.

S. 87 Medizin: Cato, Ad Marcum filium, Fragment 1 Jordan

S. 89 Menu: Cicero, De oratore 2, 159 – *appetitus:* Cicero, De natura deorum 2, 34

S. 91 Modern: Ps. Priscianus, De accentibus 46 – Cassiodor, Variae 4, 51, 2

S. 93 Münze: Livius 7, 28, 4 ff. – Cicero, De divinatione 1, 101 – *aedes et officina Monetae:* Livius 6, 20, 13 – Seneca, De beneficiis 3, 35, 1

S. 95 Nonproliferation: Hesiod, Werke und Tage 50 ff.

S. 97 Normal: Lukrez 4, 513 ff. – Cicero, Rede pro Murena 3 und De legibus 2, 61 – Plinius d. J., Briefe 9, 26, 8 – Plutarch, Quo modo quis suos in virtute sentiat profectus 2. 75 F

S. 99 Öko-: Die »werkmeisternde Natur«: Aristoteles, De partibus animalium 1, 5. 645 a 9; »wie ein guter Haushalter ...«: De generatione animalium 2, 6. 744 b 16 f.

S. 103 Parlament: Quintilian 6, 3, 59

S. 106 Pavillon: Historia Augusta, Pescennius Niger 11, 1 und Alexander Severus 51, 5

S. 107 Penicillin: Cicero, Briefe an Freunde 9, 22, 2 – Cicero, Briefe an den Bruder Quintus 2, 14 (13), 2 – Plinius d. Ä., Naturgeschichte 35, 60

S. 110 Philotechnie: Platon, Protagoras 321 d f., Staat 5. 476 a und Kritias 109 c – Die Tore des Olymps: Homer, Ilias 5, 748 f. und 8, 392 f.; die Dreifüsse: Ilias 18, 373 ff.; die goldenen Dienerinnen: Ilias 18, 417 ff. – Plutarch, Marcellus 14, 12 f.; der »mathematische Hunderthänder«: 17, 2

S. 112 Profil: Plautus, Mercator 755 f.

S. 116 Punkt: Aristoteles, Rhetorik 3, 5. 1407 b 13 f. – Älian, Varia Historia 2, 9

S. 118 Radikal: Cato, De agricultura 50, 1 – Cicero, De natura deorum 1, 121

S. 122 Skandal: Evangelium nach Matthäus 16, 22 f. – Paulus, Brief an die Römer 9, 33, nach Jesaja 28, 16 – Aristophanes, Acharner 687 – *skandalístes:* Sylloge Inscriptionum Graecarum, ed. W. Dittenberger, Editio tertia, 847, 5

S. 124 Sparte: Euripides, Telephos, Fragment 723 Nauck – Cicero, Briefe an Atticus 4, 6, 2 – Erasmus, Adagia 2, 5, 1

S. 126 Subsidiarität: Cicero, Briefe an Atticus 5, 16, 1

S. 128 Symbol: Herodot 6, 86 a 5– Platon, Symposion 191 d f.

S. 132 Symptom: *syndromé:* Galen, Ad Glauconem de medendi methodo 1, 15, Band 11, Seite 59 Kühn

S. 134 Synergie: Homer, Odyssee 6, 180 ff. – Aristoteles, Oikonomika 1, 3. 1343 b 11 ff.

S. 136 Text: Cicero, Briefe an Freunde 9, 21, 1 – Quintilian 9, 4, 13 – Ammianus Marcellinus 14, 6, 26

S. 138 Trophäe: Diodor 13, 24, 3 ff.

S. 140 Virtuell: Aristoteles, Nikomachische Ethik 2, 1.1103 a 32 ff. – Cicero, Briefe an Atticus 10, 8, 9

S. 143 Zynisch: »Alles in der Öffentlichkeit«: Diogenes Laërtios 6, 69; das Picknick: 61; die abgenagten Knochen: 46; »Ich suche einen Menschen«: 41; »Menschen, keine Rotze!«: 32 – Marc Aurel 7, 65

Register

In Ergänzung zur Inhaltsübersicht verzeichnet das Register zahlreiche weitere Wörter, die um ihrer Sprachverwandtschaft oder ihrer Lebensgeschichte willen – oft nur im Vorübergehen – angesprochen sind.